Collection **marabout service**

D0997636

Afin de vous informer de toutes ses publications, **marabout** édite des catalogues et prospectus où sont annoncés, régulièrement, les nombreux ouvrages qui vous intéressent. Pour les obtenir gracieusement, il suffit de nous envoyer votre carte de visite ou simple carte postale mentionnant vos nom et adresse, aux Nouvelles Editions Marabout, 65, rue de Limbourg, B-4800 Verviers (Belgique).

Dans la série cuisine couleurs :

— *Recettes de santé*
— *Hors-d'œuvre et terrines*
— *Pâtisserie*
— *Recettes du terroir*
— *Poissons et fruits de mer*
— *Viandes, volailles*
— *Recettes pour recevoir*
— *Tour du monde en 80 plats*
— *Recettes végétariennes*

Desserts, glaces et sorbets

marabout

Les collections **marabout,** sont éditées par la S.A. Les Nouvelles Éditions Marabout, 65, rue de Limbourg, B-4800 Verviers (Belgique). — Le label **marabout** les titres des collections et la présentation des volumes sont déposés conformément à la loi. — Distributeurs en **France** : HACHETTE s.a., Avenue Gutenberg Z.A. de Coignières-Maurepas, 78310 Maurepas, B.P. 154 — pour le **Canada** et les Etats-**Unis**, A.D.P. Inc. 955 rue Amherst, Montréal 132, P. Q. Canada — en **Suisse** : Office du Livre, 101, route de Villars, 1701 Fribourg.

Sommaire

Introduction

Régalez-vous! Ici tout est sucre et douceur, gourmandise et péché mignon.

Au diable la ligne et ses restrictions. Mais voyons! Tout n'est pas anti-diététique au paradis du dessert comme vous pourrez en juger. D'ailleurs, dans ce livre, la pâtisserie aux riches calories est totalement absente. Crèmes, mousses, flans se partagent les chapitres avec les glaces et les sorbets, tous desserts onctueux, parfumés, légers...

Faut-il beaucoup de temps pour réaliser toutes ces bonnes petites choses? Eh bien... disons que la plupart de ces desserts n'entrent pas spécialement dans la catégorie des «vite faits». Mais n'éprouve-t-on pas un certain plaisir à préparer cette surprise souvent espérée par petits et grands? Et puis — il est important de le noter — à l'époque du congélateur on peut se constituer une petite réserve de glaces et de sorbets pour avoir toujours sous la main le dessert idéal pour un dîner impromptu.

Six chapitres sucrés vous donneront bien des idées. Du sabayon au sorbet, du diplomate à la marquise et de la mousse au soufflé, voici d'exquises recettes.

Crèmes, flans et entremets

Pour les réussir, il vous faut du lait, du sucre, des œufs, des fruits ou des liqueurs... en proportions exactes, et des idées pour une jolie présentation !

Les crèmes légères relevées d'un trait de whisky ou de cognac sont un dessert raffiné que vous aimerez servir lors d'un dîner entre amis.

Les flans aux fruits, les gâteaux de riz et les marquises au chocolat feront le régal des enfants.

Crème à l'écossaise

temps moyen   pas trop difficile   abordable

Pour 4 personnes   **125 gr de sucre semoule**
CUISSON : 15 minutes   **½ gousse de vanille**
INGREDIENTS : 6 œufs   **1 petit verre de whisky**
½ litre de lait   **1 pincée de sel**

○ Séparez les blancs des jaunes et placez ces derniers dans un saladier.
○ Ajoutez le sucre semoule et remuez suffisamment de temps ce mélange avec une spatule en bois, ou un fouet, jusqu'à ce qu'il blanchisse.
○ Placez le lait dans une casserole avec la vanille et une petite pincée de sel. Faites bouillir quelques minutes.
○ Incorporez peu à peu le lait dans ce mélange sucre-jaunes d'œufs et remuez soigneusement afin de rendre cette préparation bien homogène.
○ Versez alors le tout dans une casserole et mettez à feu doux.
○ Remuez lentement et régulièrement dans tous les sens avec une cuiller en bois jusqu'à ce que la crème prenne de la consistance et «nappe» la cuiller. Cette opération nécessite 5 à 6 minutes.
○ Otez alors la casserole du feu et continuez quelques instants à remuer la crème dans la casserole chaude. Sinon, la crème risquerait de tourner. Passez-la à la passoire fine dans une jatte.
○ Ajoutez le petit verre de whisky.
○ Répartissez alors la crème dans quatre coupes. Laissez refroidir quelques instants avant de les placer dans la partie haute du réfrigérateur. Servez glacé.

Noyre truc : si par malheur, votre crème a tourné, il existe une solution pour vous sortir de cette malencontreuse situation : versez-la dans une bouteille bien bouchée. Secouez vigoureusement une minute ou deux. La crème redeviendra lisse et savoureuse.

Conseils d'achat : pour exécuter parfaitement cette recette, choisissez des œufs bien frais. On trouve sur le marché, des œufs de différentes couleurs, allant du roux au blanc, sans que la qualité joue, car c'est simplement une question de race.

Sabayon au champagne

vite fait   simple   coûteux

Pour 5 à 6 personnes
cuisson : 15 à 20 minutes
INGREDIENTS : 6 jaunes
d'œufs
220 g de sucre semoule

½ bouteille de champagne
1 pincée de sucre vanillé
1 zeste d'orange
1 cuillerée à soupe de cognac

○ Brossez soigneusement une orange à l'eau chaude, essuyez le fruit avec un torchon, et râpez-en finement un peu de zeste.

○ Cassez les œufs et mettez les jaunes dans une casserole. Ajoutez le sucre semoule, le sucre vanillé, le zeste d'orange râpé, un peu de cognac, et fouettez longuement le mélange jusque ce qu'il blanchisse et devienne mousseux.

○ Versez alors peu à peu le champagne en tournant constamment la préparation.

○ Disposez la casserole dans un récipient plus grand allant au feu, remplissez ce dernier d'eau chaude afin de réaliser un bain-marie, et mettez sur feu doux. Fouettez sans cesse la préparation qui doit épaissir peu à peu jusqu'à devenir crémeuse, en évitant l'ébullition.

○ Quand le sabayon a pris une bonne consistance, ôtez le récipient du feu et versez la crème dans des coupes individuelles. Vous pouvez servir tiède ou froid, selon les goûts, avec un accompagnement de biscuits sablés ou de biscuits à la cuiller.

Conseils d'achat : la proportion de sucre semoule indiquée dans la recette vaut pour un champagne brut. Si vous préférez utiliser un champagne demi-brut, 180 g de sucre suffiront.

Crème d'abricots au kirsch

temps moyen   difficile   abordable

Pour 5 à 6 personnes
CUISSON : 30 minutes
INGRÉDIENTS :
500 g d'abricots

250 g de sucre en poudre
5 blancs d'œufs
1 verre à liqueur de kirsch

○ Lavez soigneusement les abricots, et essuyez-les. Ouvrez-les en deux, cassez les noyaux pour en extraire l'amande. Otez la peau des amandes.
○ Coupez les demi-abricots en petits morceaux, et mettez-les à cuire avec 4 à 5 cuillerées à soupe d'eau, sur feu moyen. Pilez les amandes, et ajoutez-les aux fruits. Laissez ainsi 15 à 20 minutes.
○ Lorsque les abricots sont réduits en purée, ôtez le récipient du feu, et ajoutez le kirsch.
○ Versez le sucre en poudre dans une casserole, mouillez d'un verre d'eau, et laissez-le fondre, d'abord sur feu très doux, puis sur feu vif, jusqu'au «gros boulé». Cette expression indique que lorsqu'on trempe dans la masse du sucre le manche d'une cuiller de bois, passé à l'eau froide, il se forme à son extrémité une petite boule molle.
○ Pendant ce temps, cassez les œufs, mettez les blancs dans une terrine et fouettez-les en neige très ferme.
○ Quand le sucre est cuit à point, ajoutez-le en tout petit filet aux blancs en neige, en le versant, non pas directement sur les blancs, mais sur le bord de la terrine. Continuez, durant cette opération, à fouetter les blancs.
○ Incorporez alors la purée d'abricots à cette préparation, en procédant par petites quantités à la fois.
○ Dressez cette crème en pyramide dans un compotier, et accompagnez-la d'un assortiment de petits fours.

Notre truc : vous pouvez ajouter un petit jus de citron dans le récipient de cuisson des abricots. Il parfumera agréablement la crème et fera ressortir la saveur des abricots.

Conseils d'achat : ne vous fiez pas à l'apparence des abricots : certains gros fruits jaunes à peau lisse ont fort peu de goût, alors que la variété «rouge du Roussillon» par exemple, à la peau piquetée de brun, est exceptionnellement parfumée.

Crème Porto-Rico

temps moyen simple abordable

Pour 6 personnes **7 œufs**
CUISSON : 20 minutes **350 g de sucre en poudre**
INGRÉDIENTS : ¾ de l de lait **1 verre à liqueur de rhum**
1 gousse de vanille **1 pincée de sel**

○ Faites bouillir quelques minutes dans une casserole le lait avec la gousse de vanille fendue, et 1 pincée de sel.
○ Dans un saladier, cassez les œufs entiers, ajoutez 200 g de sucre et le rhum. Mélangez bien le tout, puis versez peu à peu le lait chaud, en tournant à la cuiller de bois.
○ Dans une petite casserole, mettez 150 g de sucre en poudre, un peu d'eau, et à feu doux, confectionnez un caramel blond.
○ Répartissez ce caramel dans 6 petits moules individuels et, avant que le caramel ne se fige (il ne faut pas qu'il soit trop pâteux) tournez chaque moule dans tous les sens pour bien enduire les parois.
○ Versez alors la crème dans les moules, et placez ceux-ci au bain-marie. Pour ce faire, disposez les moules dans un plat long dont les bords sont au moins aussi hauts que ceux des moules. Versez dans le plat de l'eau très chaude, jusqu'aux ¾ de la hauteur des moules. Mettez à cuire à four chaud pendant 15 minutes.
○ Passé ce temps, retirez les moules du bain-marie, laissez refroidir la crème, et démoulez dans de petites assiettes à dessert. Servez froid avec un assortiment de gâteaux secs.

Notre truc : pour vérifier la bonne cuisson de la crème, piquez-la avec un couteau pointu. La lame doit ressortir sèche.

Conseils d'achat : il existe dans le commerce de nombreux modèles de petits moules individuels en métal, aux formes et aux dessins divers.

Mousse à la vaudoise

vite fait   simple   abordable

Pour 4 personnes   **4 œufs**
CUISSON : 3 à 4 minutes   **50 gr de crème fraîche**
INGRÉDIENTS :   **50 gr de sucre glace**
160 g de chocolat   **1 cuil. de sucre poudre**
30 g de beurre

○ Cassez les œufs, mettez les jaunes dans un saladier. Réservez les blancs.

○ Ajoutez aux jaunes la cuillerée de sucre en poudre et mélanger à la cuiller en bois jusqu'à ce que le mélange blanchisse.

○ Dans une petite casserole, mettez à feu très doux le chocolat coupé en morceaux et le beurre. Laissez fondre le mélange sans qu'il cuise.

○ Retirez alors la casserole du feu, laissez tiédir, puis incorporez le mélange jaune d'œufs-sucre. Mélangez bien le tout.

○ Dans un saladier, fouettez les blancs en neige avec le sucre glace. Lorsque la préparation est ferme et bien montée (il faut que les blancs collent au fouet), incorporez-la à la crème au chocolat. Cette opération doit être menée délicatement, sans tourner.

○ Ajoutez la crème fraiche au mélange.

○ Versez la mousse au chocolat dans des coupes individuelles, et placez-les au réfrigérateur, dans le bac à glaçons de préférence, 15 à 20 minutes.

Notre truc : pour éviter que le chocolat ne brûle, même légèrement lors de sa cuisson, ce qui nuirait à la saveur de ce dessert, faites-le fondre au bain-marie. Placez la petite casserole contenant le mélange chocolat-beurre dans une grande remplie d'eau, que vous mettrez sur feu moyen.

Conseils d'achat : pour cette recette, point n'est besoin d'utiliser du chocolat surfin. Le chocolat à cuire, dit aussi «de ménage» convient parfaitement.

Flan aux fraises

temps moyen   pas trop difficile   abordable

Pour 6 personnes
CUISSON : 45 minutes
INGRÉDIENTS :
350 g de farine
1 litre de lait écrémé

8 œufs
200 g de sucre semoule
1 gousse de vanille
1 pincée de sel

○ Lavez soigneusement les fraises, séchez-les sur du papier absorbant, équeutez-les. Puis coupez chaque fruit en quatre morceaux.

○ Versez le lait dans une casserole, ajoutez la gousse de vanille fendue, 1 pincée de sel. Portez le liquide à ébullition, puis ôtez le récipient du feu.

○ Cassez les œufs dans un saladier. Ajoutez le sucre semoule, et battez vigoureusement jusqu'à ce que le mélange blanchisse.

○ Versez alors le lait bouillant sur les œufs (après avoir retiré la gousse de vanille). Remuez soigneusement la préparation à la cuiller de bois.

○ Garnissez de cette préparation un moule à bords relevés (un moule à charlotte par exemple), et ajoutez-y les petits quartiers de fraise.

○ Placez le moule dans un récipient à hauts bords, rempli d'eau chaude, et mettez à cuire au bain-marie, à four doux, pendant 45 minutes.

○ Passé ce temps, laissez refroidir le flan dans son moule, puis démoulez-le sur un plat à dessert, juste avant de servir.

Notre truc : pour vous assurer de la bonne cuisson du flan introduisez en son milieu une lame de couteau effilé. Si cette lame ressort pratiquement sèche, le flan est cuit à point.

Conseils d'achat : la commercialisation des fraises s'étale d'avril à juillet, mais il existe une pointe très nette durant la deuxième quinzaine de mai car alors, toutes les régions produisent simultanément. C'est à cette époque que ces délicieux fruits rouges sont proposés aux prix les plus avantageux.

Flan aux pêches et aux noix

temps moyen   simple   abordable

Pour 6 personnes   **1 citron**
CUISSON : 40 minutes   **1 cuil. à café de fleur d'oranger**
INGRÉDIENTS : 4 œufs   **1 boîte ¼ de pêches au sirop**
280 g de sucre en poudre   **Quelques cerneaux de noix**
½ litre de lait   **1 pincée de sel**

○ Mettez 80 g de sucre dans un moule à charlotte. Faites-le fondre sur feu doux, avec 1 cuillerée à soupe d'eau, jusqu'à l'obtention d'un caramel blond. Prenez alors le moule avec un torchon et tournez-le dans tous les sens afin que le caramel en nappe bien les parois. Laissez refroidir.
○ Dans une jatte, râpez le zeste de citron, ajoutez 100 g de sucre en poudre, la cuillerée de fleur d'oranger, et cassez-y les œufs. Mélangez au fouet puis versez le lait bouillant en petit filet, en tournant au fouet.
○ Ajoutez une petite pincée de sel, couvrez le récipient, et laissez refroidir.
○ Versez cette préparation dans le moule à charlotte, et mettez à cuire à four doux 40 minutes, en plaçant le moule au bain-marie.
○ Pendant ce temps, ouvrez la boîte de pêches, égouttez-les et réservez le sirop.
○ Lorsque le flan est cuit, démoulez-le sur un plat de service, décorez-le avec les ½ pêches et les cerneaux de noix.
○ Dans une petite casserole, faites chauffer 100 g de sucre avec un peu de sirop des pêches. Laissez caraméliser légèrement, et versez ce caramel sur le flan. Servez aussitôt.

Boisson d'accompagnement : une Roussette-de-Savoie.

Conseils d'achat : Les pêches au sirop sont le plus souvent présentées en ½ pêches. Leur couleur, selon l'espèce, va du blanc au jaune. Il est toléré quelques débris de pulpe mais le sirop doit par ailleurs être lourd et limpide.

Flan aux poires

demande du temps   simple   abordable

Pour 6 personnes
CUISSON : 45 minutes
INGRÉDIENTS :
4 belles poires
1 litre ½ de lait écrémé

12 œufs
1 gousse de vanille
300 g de sucre
1 pincée de sel

○ Pelez les poires, coupez-les en quatre, ôtez le cœur et les pépins. Puis coupez la pulpe en petits dés.
○ Versez le lait dans une casserole, ajoutez la gousse de vanille fendue, 1 pincée de sel, et faites bouillir. Retirer alors la casserole du feu.
○ Cassez les œufs dans un saladier, ajoutez le sucre, et battez le tout comme pour une omelette.
○ Versez le lait bouillant sur les œufs après avoir ôté la gousse de vanille. Remuez à la cuiller de bois pour bien mélanger le tout.
○ Remplissez de cette préparation un moule à hauts bords, genre moule à charlotte, et ajoutez-y les petits dés de poires.
○ Préparez un bain-marie pour la cuisson du flan en plaçant le moule dans un récipient allant au four, contenant de l'eau chaude.
○ Mettez alors à four doux pendant 45 minutes environ.
○ Passé ce temps, assurez-vous de la bonne cuisson du flan en introduisant une lame de couteau pointu. La lame doit ressortir pratiquement sèche si le flan est cuit à point.
○ Laissez refroidir le flan dans son moule, puis démoulez-le sur un plat de service.

Notre truc : on peut rehausser incomparablement la saveur de ce dessert diététique en aromatisant le flan de 1 verre à liqueur d'eau-de-vie de poires.

Flan des montagnes noires

temps moyen simple pas cher

Pour 6 à 8 personnes
CUISSON : 45 minutes
INGRÉDIENTS :
125 gr de pruneaux
125 gr de raisins secs
2 verres à liqueur de rhum

250 gr de sucre en poudre
6 œufs
¾ de l de lait
1 gousse de vanille
10 morceaux de sucre

○ Lavez soigneusement les pruneaux et les raisins secs et sé-
chez-les.
○ Placez-les dans un récipient creux, arrosez-les de rhum, et
laissez macérer 2 à 3 heures.
○ Mettez dans une petite casserole, 10 morceaux de sucre avec
un peu d'eau, sur feu moyen, et faites un caramel doré.
○ Versez ce caramel dans un moule à bords hauts, et imprimez
au moule un mouvement tournant afin de bien répartir le caramel, sur le fond et les bords.
○ Chauffez le lait avec la gousse de vanille fendue en deux.
Faites bouillir quelques instants et laissez refroidir.
○ Dans un saladier, cassez les œufs, ajoutez le sucre en poudre
et remuez énergiquement jusqu'à ce que le mélange blanchisse.
Versez alors le lait, après avoir retiré la vanille, et tournez le
mélange à la cuillère de bois. Ajoutez une pincée de sel.
○ Placez les pruneaux et les raisins secs macérés dans le moule
caramélisé, et versez dessus le mélange au lait.
○ Mettez à four moyen pendant 40 minutes.
○ Lorsque le flan est cuit, laissez-le refroidir, et démoulez dans
un plat de service.

Boisson d'accompagnement : du cidre bouché servi très frais.

Notre truc : Le flan se démoule bien plus aisément lorsqu'il est
cuit dans un moule parfaitement lisse.

Conseils d'achat : Les pruneaux les plus connus viennent de la
région d'Agen. Ce sont, aux dires des connaisseurs, les meilleurs. D'importation, les pruneaux sont essentiellement de Californie. Ils sont de bonne qualité, mais possèdent un noyau plus
volumineux que ceux d'Agen. Les pruneaux existent en différents calibres, allant du 100/120 au 16/18. Ces chiffres indiquent
le nombre de fruits à la livre.

Crème à la vanille

temps moyen   simple   pas cher

Pour 5 à 6 personnes   **3 jaunes**
CUISSON : 30 minutes env.   **100 g de sucre**
INGRÉDIENTS :½ l de lait   **1 gousse de vanille**
3 œufs entiers   **2 oranges**

○ Mettez le lait à bouillir dans une casserole avec la gousse de vanille fendue, en remuant de temps en temps à la cuiller de bois.

○ Cassez les œufs et mettez dans une terrine 3 œufs entiers et 3 jaunes. Ajoutez le sucre, et mélangez au fouet jusqu'à ce que le mélange blanchisse.

○ Versez sur ce mélange le lait chaud (mais pas bouillant) après avoir ôté la gousse de vanille. Tournez quelques instants au fouet, et laissez reposer 4 à 5 minutes.

○ Garnissez de cette préparation un moule très légèrement beurré, placez ce moule dans un récipient allant au four, et contenant de l'eau afin que la crème cuise au bain-marie. Mettez le tout à four doux 25 à 30 minutes.

○ Passé ce temps, laissez refroidir complètement la crème, et démoulez-la sur un plat de service. Pelez les oranges, entourez la crème avec les quartiers. Servez froid mais pas glacé.

Notre truc : pour faire une crème renversée au caramel, il vous suffit de faire fondre et blondir 2 morceaux de sucre dans 1 cuillerée à soupe d'eau, dans le fond du moule, avant de verser la préparation. Outre la saveur, cela donne à la crème un aspect décoratif du plus bel effet.

Crème Arlequin

temps moyen simple abordable

Pour 5 à 6 personnes
CUISSON : 30 minutes env.
INGRÉDIENTS :
100 g de sucre
1 pincée de sucre vanillé
3 œufs entiers + 3 jaunes

1 noisette de beurre
½ litre de lait écrémé
1 cuil. à soupe de rhum
1 gousse de vanille
80 g de fruits confits

○ Versez le lait dans une casserole, et faites-le bouillir avec la gousse de vanille fendue. Maintenez quelques instants le récipient sur le feu, puis ôtez la casserole et laissez infuser la vanille dans le lait.
○ Mettez les œufs entiers et les jaunes dans une terrine, ajoutez le sucre, et fouettez la préparation jusqu'à ce qu'elle blanchisse.
○ Versez alors peu à peu le lait chaud (après avoir retiré la gousse de vanille). Tournez quelques instants au fouet.
○ Réservez quelques beaux fruits, ou morceaux de fruits confits, et coupez le restant en menus morceaux.
○ Ajoutez à la crème les morceaux de fruits confits, 1 pincée de sucre vanillé, 1 cuillerée à soupe de rhum. Remuez.
○ Beurrez très légèrement un moule allant au four, et versez-y la crème. Placez ce moule dans un récipient allant au four et contenant de l'eau chaude. Mettez à cuire au bain-marie à four doux, 30 minutes environ.
○ Quand la crème est cuite, laissez-la refroidir complètement, puis démoulez-la sur un plat de service. Décorez-la avec les fruits confis que vous avez réservés, et placez-la au réfrigérateur 20 à 30 minutes, avant de servir.

Notre truc : pour obtenir un bel effet décoratif, choisissez quelques fruits confits de couleur différente : angélique, cerises, petites oranges...

Diplomate aux abricots

demande du temps   pas trop difficile   abordable

Pour 5 à 6 personnes
CUISSON : 30 minutes
1 nuit au réfrigérateur
INGRÉDIENTS :
1 boîte de biscuits à la cuiller
1 boîte ¼ d'abricots au sirop
½ verre de liqueur d'abricot
Pour la crème :

6 œufs
200 g de sucre en poudre
1 litre de lait
1 gousse de vanille
Pour la chantilly :
250 g de crème fraîche
1 sachet de sucre vanillé
1 glaçon pilé

○ Faites bouillir le lait avec la gousse de vanille fendue.

○ Cassez les œufs et mettez-les dans une terrine. Ajoutez le sucre en poudre jusqu'à ce que le mélange blanchisse. Versez alors dessus le lait bouillant, après avoir ôté la vanille.

○ Retirez du feu et versez cette crème dans une terrine. Laissez refroidir.

○ Dans une assiette creuse, versez la liqueur d'abricot additionnée de ½ verre d'eau. Trempez rapidement les biscuits dans ce mélange.

○ Tapissez le fond d'un moule à charlotte de papier sulfurisé. Étalez dessus quelques oreillons d'abricots, versez dessus un peu de crème, puis ajoutez quelques morceaux de biscuits imbibés. Recommencez ainsi jusqu'à remplissage du moule, en terminant par la crème.

○ Mettez le moule dans une plaque creuse allant au four, entourez-le d'eau chaude, et laissez cuire 1 heure à four moyen. Puis laissez refroidir et placez le gâteau une nuit au réfrigérateur.

○ Le lendemain, avant de servir, confectionnez une chantilly en fouettant la crème fraîche avec le sucre vanillé et 1 glaçon pilé.

○ Démoulez le diplomate sur un plat de service, agrémentez de quelques demi-abricots et, à l'aide d'une poche à douille, décorez-le de chantilly.

Boisson d'accompagnement : un Monbazillac.

Notre truc : pour savoir si le diplomate est cuit à point, plongez dedans une lame de couteau. Dans l'affirmative, celle-ci doit ressortir sèche.

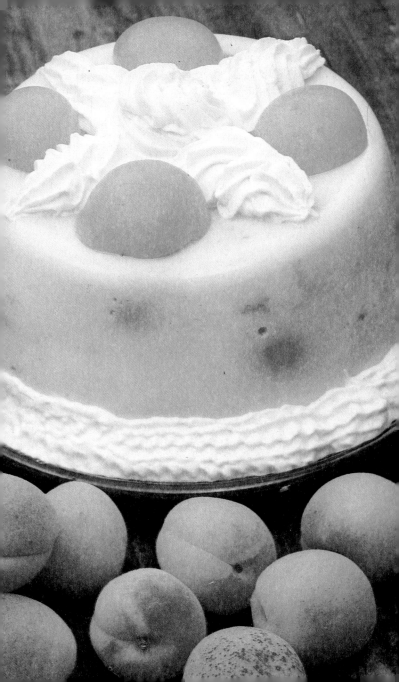

Crème au café

temps moyen simple pas cher

Pour 5 à 6 personnes
CUISSON : 30 minutes env.
INGRÉDIENTS : ½ l de lait
3 œufs entiers

3 jaunes
2 cuil. à soupe de café moulu
100 g de sucre en poudre
1 verre à liqueur de rhum

○ Versez le lait dans une casserole, et faites-le bouillir avec 2 cuillerées à soupe de café.
○ Cassez les œufs et mettez dans une terrine 3 œufs entiers et 3 jaunes. Ajoutez le sucre en poudre, un peu de rhum, et battez le tout au fouet jusqu'à ce que le mélange blanchisse.
○ Versez sur ce mélange le lait chaud, tournez quelques instants au fouet.
○ Garnissez de cette préparation un moule légèrement beurré, placez ce moule dans un récipient allant au four, et contenant de l'eau, afin que la crème cuise au bain-marie. Mettez le tout à four doux une demi-heure environ.
○ Lorsque la crème est cuite, laissez-la refroidir dans le moule, puis démoulez sur un plat de service.

Notre truc : vous pouvez décorer, et augmenter la richesse de ce dessert, en plaçant sur la crème des petits grains de café en sucre.

Conseils d'achat : choisissez de préférence, pour incorporer au lait, du café soluble plutôt que du café traditionnel moulu. Le café soluble se dissout et s'intègre plus facilement au liquide.

Ile flottante

temps moyen   pas trop difficile   abordable

Pour 6 à 7 personnes   **270 g de sucre en poudre**
CUISSON : 30 minutes   **¾ litre de lait**
INGRÉDIENTS : 5 œufs   **1 gousse de vanille**
50 g de poudre d'amandes   **1 sachet d'amandes effilées**

○ Cassez les œufs, mettez les blancs dans un saladier (réservez les jaunes), et montez-les en neige au fouet. Puis incorporez-y délicatement la poudre d'amandes et 100 g de sucre en poudre.

○ Mettez 50 g de sucre et 2 cuillerées à soupe d'eau dans un moule à manqué, chauffez le moule à la flamme pour confectionner un caramel. Tournez le moule (utilisez un torchon pour le tenir) pour bien napper les parois de caramel.

○ Versez les œufs en neige dans le moule, placez-le dans un récipient plus vaste rempli d'eau, et mettez à cuire à four chaud 30 minutes, dans ce bain-marie. Puis sortez du four et laissez refroidir.

○ Confectionnez une crème anglaise comme suit : mettez les jaunes d'œufs dans une terrine. Ajoutez 120 g de sucre en poudre, et travaillez bien le tout jusqu'à ce que le mélange blanchisse. Versez alors peu à peu le lait brûlant (faites-le bouillir au préalable avec la gousse de vanille) sur la préparation. Remuez, et remettez le tout dans une casserole. Tournez à la cuiller, sur feu doux, jusqu'à ce que la crème épaississe. Otez alors du feu et laissez refroidir.

○ Démoulez l'île, disposez-la au milieu d'un plat de service creux, versez la crème autour, saupoudrez-la généreusement d'amandes effilées, et placez quelques instants au réfrigérateur avant de servir.

Notre truc : pour faciliter le démoulage de l'île, ajoutez un petit jus de citron dans le caramel, lors de sa confection. Le citron parfumera en outre agréablement le dessert.

Gâteau de semoule Sainte-Odile

temps moyen   pas trop difficile   abordable

Pour 5 à 6 personnes
CUISSON : 45 minutes
INGRÉDIENTS :
140 g de sucre
125 g de semoule de blé
¼ de litre de vin blanc
4 œufs

1 sachet de sucre vanillé
1 noix de beurre
6 cuil. à soupe gelée de framboise
1 verre à liqueur de kirsch
Quelques fruits confits
1 pincée de sel

○ Versez le vin blanc dans une casserole avec ¼ de litre d'eau. Portez le liquide à ébullition, et ajoutez la semoule en pluie. Tournez à la spatule de bois, salez très légèrement, et laissez cuire 4 minutes à petits bouillons avec la moitié du sucre.

○ Passé ce temps, ôtez le récipient du feu et incorporez à la préparation 1 œuf entier et 1 jaune.

○ Mettez 3 blancs d'œufs dans un saladier, et montez-les en neige ferme après avoir ajouté aux blancs d'œufs le contenu d'un petit sachet de sucre vanillé et le reste du sucre.

○ Incorporez délicatement les blancs montés en neige à la semoule de blé, et garnissez un moule à brioche préalablement beurré de la préparation.

○ Disposez ce moule dans un récipient creux allant au four, rempli d'eau chaude, et mettez à cuire au bain-marie, à four doux, environ 40 minutes.

○ Quand le gâteau est cuit, laissez-le refroidir complètement avant de le démouler sur un plat de service.

○ Mettez 6 cuillerées à soupe de gelée de framboise dans une petite casserole, ajoutez le kirsch, et faites chauffer doucement en tournant à la cuiller de bois.

○ Recouvrez le gâteau de cette gelée, et décorez à l'aide de quelques fruits confits avant de servir.

Boisson d'accompagnement : une Clairette de Die.

Notre truc : vous pouvez ajouter encore à l'arôme du dessert en incorporant dans la préparation, avant cuisson au four, un petit zeste de citron râpé.

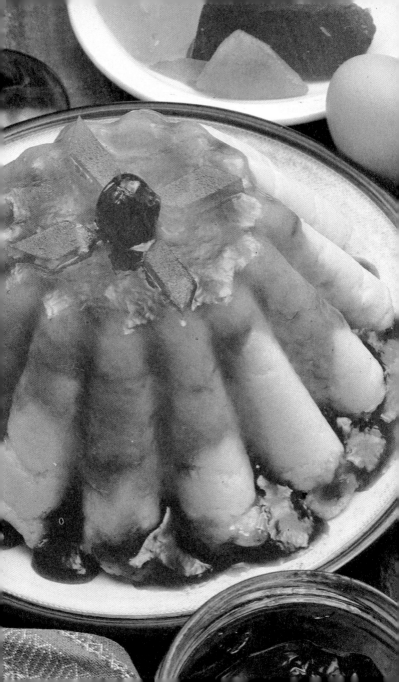

Gâteau à la Gabriel

temps moyen	pas trop difficile	abordable

Pour 6 personnes
CUISSON : 40 minutes env.
INGRÉDIENTS : 6 pêches
360 g de riz
½ litre de lait
620 g de sucre semoule

90 g de sucre vanillé
3 jaunes d'œufs
30 g de beurre
1 verre à liqueur d'armagnac
Quelques morceaux d'angélique
1 pincée de sel

○ Mettez le riz à cuire 4 minutes à l'eau bouillante, puis égouttez-le.

○ Faites bouillir le lait avec 120 g de sucre semoule et le sucre vanillé.

○ Versez le riz égoutté dans le lait bouillant, ajoutez une pincée de sel, et faites cuire au four 25 minutes.

○ Quand le riz est cuit (il doit avoir absorbé la quasi totalité du lait), ôtez le récipient du four, et incorporez le beurre et les jaunes d'œufs battus. Mélangez délicatement le tout, versez la préparation dans un moule à manqué, tassez-la bien, et mettez le moule à four moyen 3 à 4 minutes.

○ Préparez un sirop dans une casserole avec 500 g de sucre semoule et 1 litre d'eau. Mettez sur feu vif et faites bouillir 5 minutes à découvert.

○ Pelez les pêches, en veillant bien à ne pas les abîmer, séparez-les par moitiés, ôtez les noyaux. Plongez les fruits dans le sirop et laissez cuire 5 minutes à petits bouillons. Puis retirez-les.

○ Démoulez le gâteau de riz froid sur un plat de service, et décorez le dessus au mieux avec les ½ pêches et quelques morceaux d'angélique.

○ Placez à nouveau le sirop sur le feu, laissez-le épaissir à découvert, puis parfumez-le avec un peut d'armagnac. Nappez le gâteau de ce sirop, et servez immédiatement.

Conseils d'achat : vous pouvez choisir, pour cette recette, entre des pêches jaunes ou blanches en fonction de vos goûts, mais il faut veiller à ce qu'elles ne soient pas trop mûres, ce qui nuirait à leur bonne tenue à la cuisson.

Gâteau de riz à la crème vanille

temps moyen   simple   pas cher

Pour 4 à 5 personnes
CUISSON : 1 h
INGRÉDIENTS : 160 g de riz
1 litre de lait
Le zeste de ½ citron
1 noix de beurre

3 œufs entiers, 5 jaunes
250 g de sucre en poudre
10 morceaux de sucre
100 g de raisins secs
1 gousse de vanille
1 pincée de sel

PRÉPAREZ LE GÂTEAU :

○ Mettez le riz dans une casserole. Mouillez-le à hauteur à l'eau froide. Portez à ébullition et égouttez aussitôt.

○ Dans la même casserole, mettez ½ litre de lait, 1 pincée de sel, et faites bouillir. Versez alors le riz et laissez-le cuire doucement jusqu'à ce qu'il absorbe tout le lait.

○ Dans un saladier, cassez les 3 œufs, ajoutez le zeste de citron, 150 g de sucre en poudre. Battez et versez le mélange dans le riz au lait. Incorporez la noix de beurre et les raisins secs. Mélangez bien le tout.

○ Dans une petite casserole, placez les morceaux de sucre avec très peu d'eau, et faites chauffer pour obtenir un caramel. Enduisez les parois de votre moule à gâteau de ce caramel, versez la préparation au riz et mettez à four doux 10 minutes.

PRÉPAREZ LA CRÈME VANILLE :

○ Faites bouillir le reste du lait avec la vanille. Dans une autre casserole, mettez les 5 jaunes et le sucre, tournez au fouet jusqu'à ce que le mélange blanchisse et versez, toujours en tournant, le lait bouillant petit à petit.

○ Laissez épaissir le mélange sur feu doux et, quand la crème est prise, ôtez du feu sans cesser de tourner. Attendez que la crème refroidisse, puis placez-la au réfrigérateur. Avant de servir, nappez de cette crème le gâteau de riz que vous aurez démoulé sur un plat de service.

Boisson d'accompagnement : un Côtes-de-Provence blanc.

Notre truc : pour une bonne réussite de la crème, le mélange doit être à la limite de l'ébullition, sans jamais bouillir. Dès que la surface du liquide frissonne, ôtez la casserole du feu.

Bavarois au chocolat

Pour 4 à 5 personnes
CUISSON : 10 minutes
4 heures au réfrigérateur
INGRÉDIENTS : 50 g de cacao
7 feuilles de gélatine (12 g)

½ l de lait + 2 cuillerées
180 g de sucre en poudre
¼ de litre de crème fraîche
½ sachet de sucre vanillé
6 œufs, 1 gousse vanille

○ Mettez à tremper les feuilles de gélatine dans de l'eau tiède.
○ Cassez les œufs, placez les jaunes dans un saladier, ajoutez 130 g de sucre en poudre. Battez le tout.
○ Faites chauffer dans une casserole ½ litre de lait avec la gousse de vanille fendue.
○ Dans le saladier, versez en remuant sans cesse sur le mélange œufs-sucre, le lait bouillant, après avoir ôté la vanille, Ajoutez la gélatine (amolie au préalable dans un bol d'eau froide) et le cacao en mélangeant toujours.
○ Versez cette préparation dans une casserole, faites chauffer à feu doux sans cesser de tourner. Evitez surtout l'ébullition. Quand la crème commence à prendre, retirez-la du feu, passez-la au tamis, et laissez-la refroidir dans un saladier.
○ Dans une jatte, confectionnez une crème chantilly avec la crème fraîche à laquelle vous ajouterez 2 cuillerées de lait. Battez lentement avec un fouet pour bien aérer la crème qui doit devenir mousseuse. Puis incorporez délicatement 50 g de sucre en poudre et le ½ sachet de sucre vanillé.
○ Mélangez doucement, dans le saladier, la chantilly à la crème froide. Versez cette préparation dans un moule à savarin et laissez 4 heures au réfrigérateur. Démoulez avant de servir.

Boisson d'accompagnement : un vin blanc de Moselle.

Notre truc : pour bien réussir la chantilly, la crème fraîche et le lait doivent être très froid. Il est donc indiqué de les mettre quelques temps au réfrigérateur avant d'opérer. Pour rendre le dessert plus attractif, l'intérieur de la couronne peut être décoré de chantilly.

Marquise au chocolat

demande du temps   pas trop difficile   abordable

Pour 6 à 8 personnes
1 nuit au réfrigérateur
CUISSON : 5 minutes
INGRÉDIENTS :
250 g de chocolat

200 g de beurre
200 g de sucre en poudre
6 œufs
1 verre à liqueur de Gd Marnier

○ Dans une petite casserole, faites fondre le chocolat et le sucre dans ⅓ de verre d'eau, sur feu doux. Puis retirez du feu.
○ Mettez le beurre dans une terrine, et travaillez-le en pommade à la cuiller de bois.
○ Cassez les œufs, réservez les blancs dans un saladier, et ajoutez les jaunes au beurre en pommade. Mélangez bien puis versez le Grand Marnier. Travaillez bien le tout.
○ Fouettez les blancs d'œufs en neige très ferme, jusqu'à ce qu'ils collent au fouet, et incorporez délicatement ces blancs battus au mélange beurre-jaunes d'œufs.
○ Ajoutez alors, peu à peu, la sauce chocolat, pour réaliser une préparation homogène.
○ Beurrez un papier blanc, et tapissez-en le fond et les parois d'un moule à charlotte. Versez la préparation et mettez au réfrigérateur durant une nuit.
○ Le lendemain, au moment de servir, démoulez délicatement la marquise sur un plat de service, et servez immédiatement.

Boisson d'accompagnement : un vin blanc moelleux.

Notre truc : pour un dessert encore plus prestigieux, servez la marquise accompagnée d'une crème anglaise à la vanille ou au café dont chaque convive se servira pour en napper sa part de gâteau glacé.

Conseils d'achat : pour faciliter le démoulage de la marquise, dessert excessivement fragile, utilisez un moule moins haut qu'un moule à charlotte.

Blancs d'œufs à la crème cognac

temps moyen   pas trop difficile   abordable

Pour 6 personnes   **1 petit verre de cognac**
CUISSON : 20 minutes env.   **280 g de sucre en poudre**
INGRÉDIENTS : 5 œufs   **1 gousse de vanille**
1 litre de lait   **1 pincée de sel**

○ Cassez les œufs, mettez les blancs dans un saladier (réservez les jaunes), ajoutez une petite pincée de sel, et montez-les en neige très ferme. Tout en fouettant, incorporez peu à peu 80 g de sucre en poudre.

○ Faites bouillir ¼ de litre de lait dans une casserole, prélevez à la cuiller des boules de blancs d'œufs, et jetez-les dans le lait brûlant. Laissez ces boules cuire chacune 2 minutes environ (retournez-les à mi-cuisson), puis ôtez-les avec une écumoire et mettez-les à égoutter sur du papier absorbant.

○ Confectionnez une crème au cognac comme suit : mettez les jaunes d'œufs dans une terrine, ajoutez 120 g de sucre, et travaillez le tout jusqu'à ce que le mélange blanchisse. Faites bouillir le lait avec la gousse de vanille, et versez-le brûlant sur la préparation aux œufs. Remuez bien, et mettez le tout dans une casserole. Ajoutez le cognac et tournez à la cuiller en bois, sur feu doux, quelques minutes, le temps pour la crème d'épaissir (il faut qu'elle nappe la cuiller). Otez alors du feu, et laissez refroidir.

○ Versez cette crème dans un plat de service creux, et disposez dessus les boules de blancs d'œufs.

○ Préparez un caramel dans une casserole avec 80 g de sucre et ½ verre d'eau. Mettez sur feu vif, le temps d'obtenir un caramel blond.

○ Versez délicatement ce caramel sur les blancs d'œufs, et placez quelques instants le plat au réfrigérateur avant de servir.

Notre truc : Évitez de mettre trop de boules de blancs d'œufs à pocher en même temps, car ils gonflent à la cuisson. Cinq à six boules semblent un maximum pour la quantité de lait prescrite.

Meringues à la Chantilly

demande du temps simple abordable

Pour 5 à 6 personnes
CUISSON : 1 h
1 h au réfrigérateur
INGRÉDIENTS :
4 blancs d'œufs
130 g de sucre vanillé
150 g de sucre en poudre

½ citron
1 petite noix de beurre
1 pincée de farine
¼ de litre de crème fraîche
2 cuillerées de lait
1 pincée de sel

○ Pressez le demi-citron pour en extraire le jus.

○ Cassez les œufs, conservez les jaunes pour une autre utilisation, et placez les blancs dans un saladier. Ajoutez la pincée de sel, le jus du citron et fouettez les blancs. En cours d'opération, versez en pluie 100 g de sucre vanillé et 100 g de sucre en poudre. Battez vigoureusement pour obtenir des blancs très fermes.

○ Beurrez la plaque du four, puis saupoudrez la plaque d'une mince pellicule de farine.

○ Déposez avec une cuiller, sur la plaque, des petites boules de blancs d'œufs, en prenant soin de les espacer convenablement.

○ Mettez à four très doux, pendant 1 heure environ, en maintenant légèrement entrouverte la porte du four.

○ Pendant ce temps, confectionnez la chantilly en battant lentement dans un saladier, la crème fraîche additionnée de 2 cuillerées de lait. Lorsque la crème devient mousseuse, ajoutez délicatement 50 g de sucre en poudre et 30 g de sucre vanillé. Mettez au réfrigérateur.

○ Au moment de servir, assemblez les meringues dorées deux par deux en intercalant entre-elles, une bonne cuillerée à soupe de chantilly.

Boisson d'accompagnement : une Clairette de Die.

Notre truc : une façon originale de parfumer les blancs d'œufs consiste à incorporer, lorsqu'on les monte en neige, quelques gouttes d'essence de café.

Crêpes, beignets, omelettes

Voici des desserts qui compléteront à merveille un repas léger. Tous se servent chauds, et cela signifie entre autres qu'on ne peut pas les préparer à l'avance. Songez donc à l'organisation de votre repas avant de fixer votre choix sur l'un des délices de ce chapitre.

Les crêpes et les beignets peuvent aussi faire l'objet d'un goûter-surprise à l'occasion de l'anniversaire d'un enfant : c'est amusant et original !

Pannequets aux abricots

temps moyen   simple   abordable

Pour 6 personnes   **1 noix de beurre**
CUISSON : ± 30 minutes   **1 kg d'abricots**
INGRÉDIENTS : 3 œufs   **50 g de sucre semoule**
250 g de farine   **1 sachet de sucre vanillé**
4 dl de lait   **1 pincée de sel**

○ Mettez la farine dans un grand saladier, faites un puits, cassez-y les œufs entiers et ajoutez une noix de beurre fondu et une pincée de sel. Mélangez bien le tout à la cuiller de bois, et mouillez avec le lait préalablement tiédi. Tournez soigneusement la préparation afin qu'il ne subsiste aucun grumeau. Lorsque la pâte est lisse et homogène, laissez reposer.
○ Lavez les abricots, dénoyautez-les, et détaillez-les en fines lamelles. Mettez-les à cuire dans une casserole avec 1 verre d'eau, le sucre semoule et le sucre vanillé, pendant 25 à 30 minutes sur feu doux, récipient couvert.
○ Quand la pâte est prête à l'emploi, enduisez une poêle de beurre, placez le récipient sur feu vif, et versez à la louche la quantité suffisante pour faire une crêpe d'épaisseur moyenne. Laisser cuire d'un côté quelques instants, puis retournez la crêpe à la spatule. Procédez ainsi jusqu'à épuisement complet de la pâte, en empilant les crêpes au fur et à mesure, et en les conservant au chaud, à la bouche d'un four par exemple.
○ Quand les crêpes sont faites, étalez sur chacune d'elles, un peu de marmelade d'abricot et repliez-les en quatre. Disposez les pannequets sur un plat de service, et servez immédiatement.

Boisson d'accompagnement : une Blanquette de Limoux.

Notre truc : vous pouvez aromatiser la marmelade d'abricot avec un peu de liqueur, du kirsch notamment.

Conseils d'achat : choisissez pour cette recette des abricots bien mûrs. Légèrement verts, ils communiqueraient à la marmelade une saveur un peu acidulée.

Crêpes aux noix

temps moyen   simple   abordable

Pour 6 à 8 personnes
CUISSON : 25 à 30 minutes
INGRÉDIENTS :
250 g de farine
3 œufs

150 g de sucre en poudre
4 dl de lait
250 g de beurre
1 gousse de vanille
1 pincée de sel

○ Versez le lait dans une casserole, ajoutez la gousse de vanille fendue, et portez le liquide à ébullition. Puis ôtez le récipient du feu, couvrez-le, et laissez infuser la vanille dans le lait.
○ Préparez la pâte à crêpes dans un saladier en mélangeant la farine, les œufs, et 3 cuillerées à soupe de sucre en poudre. Ajoutez peu à peu le lait froid (après avoir retiré la gousse de vanille), une noix de beurre et une pincée de sel. Battez soigneusement le tout au fouet pour obtenir une pâte lisse et homogène, puis laissez reposer 1 heure.
○ Pendant ce temps, décortiquez les noix, et passez-les à la moulinette.
○ Quand la pâte a reposé le temps convenable, incorporez-lui les noix pilées, et mélangez délicatement.
○ Placez une poêle sur feu vif, graissez-la légèrement de beurre, et prélevez à la louche la quantité de pâte nécessaire pour confectionner une crêpe fine. Empilez les crêpes cuites les unes sur les autres, saupoudrant à chaque fois d'un peu de sucre. Servez les crêpes chaudes ou tièdes.

Boissons d'accompagnement : un vin rosé d'Arbois.

Notre truc : pour que les crêpes fassent ressortir toute la saveur des noix, passez ces dernières à la moulinette en utilisant une grille assez grosse.

Crêpes soufflées au marasquin

demande du temps   pas trop difficile   abordable

Pour 8 personnes
CUISSON : 1 h
INGRÉDIENTS :
Pour la pâte à crêpes :
3 œufs
4 décilitres de lait
1 orange
250 g de farine

Pour la crème du soufflé :
180 g de sucre
½ litre de lait
3 œufs entiers
6 blancs d'œufs + 1 jaune d'œuf
5 g de farine
3 verres à liqueur de marasquin

PRÉPAREZ LES CRÊPES :

○ Mélangez la farine et le sucre dans un saladier. Cassez les œufs, battez-les, et ajoutez le jus d'une orange, le lait, et une pincée de sel. Mouillez le mélange farine-sucre de ce liquide, remuez soigneusement le tout pour obtenir une préparation homogène, et laissez reposer 1 h environ.

○ Confectionnez ensuite, dans une poêle légèrement huilée, des crêpes fines. Réservez.

PRÉPAREZ LA CRÈME :

○ Cassez les 3 œufs entiers dans un saladier. Battez-les, et incorporez 120 g de sucre et la farine en remuant le tout au fouet.

○ Faites bouillir le lait dans une casserole, et versez-le sur la préparation précédente. Battez soigneusement le mélange au fouet.

○ Mettez cette préparation sur le feu en fouettant vivement quelques instants. Puis laissez refroidir et ajoutez le jaune d'œuf et le marasquin.

○ Battez les blancs d'œufs en neige, et incorporez-les délicatement à la crème.

PRÉPAREZ LES CRÊPES SOUFFLÉES :

○ Mettez au centre de chaque crêpe une bonne cuillerée de crème. Pliez-les en deux, et rangez-les dans un plat allant au four, préalablement beurré. Saupoudrez du restant de sucre.

○ Mettez à four chaud 10 minutes et servez aussitôt dans le plat de cuisson.

Boissons d'accompagnement : un champagne brut.

Beignets soufflés aux abricots

temps moyen   pas trop difficile   abordable

Pour 5 à 6 personnes
CUISSON : 25 minutes env.
INGRÉDIENTS : 12 abricots
100 g de farine
2 œufs

100 g de sucre semoule
2 cuil. à soupe d'huile
1 verre à liqueur d'armagnac
1 pincée de sel
1 bain de friture

○ Lavez les abricots, et essuyez-les avec un torchon. Ouvrez-les, ôtez les noyaux, et coupez chaque oreillon en quatre. Saupoudrez-les de 3 cuillerées de sucre semoule.
○ Versez la farine dans un saladier, faites un puits, et mettez-y 1 verre d'eau froide, 2 jaunes d'œufs (réservez les blancs), l'armagnac, les 2 cuillerées à soupe d'huile, et la pincée de sel. Mélangez soigneusement le tout à la spatule de bois, jusqu'à obtenir une pâte à beignets bien homogène.
○ Montez les blancs d'œufs en neige dans une terrine en les battant énergiquement au fouet ou mieux, en utilisant un mixer. Cessez l'opération dès que les blancs sont en neige très ferme.
○ Incorporez délicatement ces blancs à la pâte.
○ Trempez chaque morceau d'abricot dans la pâte à beignets, et plongez-les dans le bain de friture bouillante.
○ Quand les beignets ont pris une belle teinte dorée (il faut environ 2 minutes pour cette opération), sortez-les à l'aide d'une écumoire et mettez-les à égoutter sur du papier absorbant.
○ Dressez les beignets aux abricots sur un plat de service, saupoudrez-les de sucre semoule, et servez chaud.

Boisson d'accompagnement : pour la confection de ce dessert, le bain de friture doit être parfaitement neutre sous peine de communiquer un goût désagréable aux beignets. Utilisez de préférence de l'huile d'arachide n'ayant encore jamais servi.

Figues en beignets

temps moyen   pas trop difficile   abordable

Pour 5 à 6 personnes
CUISSON : 20 minutes env.
INGRÉDIENTS : 12 figues
100 g de farine, 2 œufs
2 cuil. à soupe de sucre vanillé
2 cuil. à soupe de sucre glace

1 verre à liqueur d'armagnac
2 cuil. à café de poudre
d'amandes
2 cuil. à soupe d'huile
1 pincée de sel
1 bain de friture

○ Mettez la farine dans un saladier, faites un puits au centre, et versez-y 1 verre d'eau. Ajoutez 2 jaunes d'œufs (réservez les blancs), le petit verre d'armagnac, la poudre d'amandes, les 2 cuillerées à soupe d'huile, et la pincée de sel. Remuez soigneusement le tout à la spatule de bois jusqu'à obtenir une pâte à beignets bien homogène. Rajoutez un peu d'eau si cette pâte vous paraît un peu trop épaisse. Incorporez 2 cuillerées à soupe de sucre vanillé à la préparation.
○ Pelez délicatement les figues, et coupez-les en deux verticalement.
○ Montez les blancs d'œufs en neige dans une terrine, en les battant énergiquement au fouet au mieux, en les passant au mixer. Arrêtez l'opération lorsque les blancs sont en neige très ferme.
○ Incorporez délicatement les blancs en neige à la pâte.
○ Faites chauffer le bain de friture et, lorsque celui-ci est bouillant, piquez chaque demi-figue à la fourchette, enrobez-la de pâte à frire et plongez-la dans le bain.
○ Laissez les beignets gonfler et prendre une belle teinte dorée, (2 bonnes minutes pour chaqun d'entre-eux), puis sortez-les du bain à l'aide d'une écumoire et mettez-les à égoutter sur du papier absorbant.
○ Dressez les beignets sur un plat de service chaud, saupoudrez-les de sucre glace, et servez immédiatement.

Boisson d'accompagnement : un Jurançon.

Conseils d'achat : évitez, pour cette recette, des figues trop mûres qui manqueraient de tenue à la cuisson. Choisissez des fruits un peu fermes mais dont la couleur violette atteste néanmoins d'un degré convenable de maturité.

Beignets aux pommes

demande de temps   simple   abordable

Pour 6 à 8 personnes   2 verres de bière blonde
CUISSON : 20 à 30 minutes   250 g de farine tamisée
INGRÉDIENTS : 5 pommes   150 g de sucre glace
2 œufs   1 pincée de sel
½ verre d'huile   1 zeste râpé
3 petits verres de rhum   1 bain de friture

○ Confectionnez·la pâte à beignets comme suit : cassez les œufs dans un grand saladier, battez-les comme pour une omelette, et ajoutez-y la bière, l'huile, le rhum, et 1 pincée de sel. Remuez soigneusement le tout, puis versez la farine tamisée. Tournez jusqu'à obtenir une pâte pas trop épaisse. Dans le cas contraire, ajoutez un peu d'eau tiède. Laissez reposer 2 heures dans un endroit tiède.
○ Épluchez les pommes, coupez-les en quatre, ôtez le cœur et les pépins. Puis détaillez chaque quartier en deux, ou en trois, en fonction de leur taille.
○ Faites chauffer le bain de friture, lorsque la pâte a suffisamment reposé. A l'aide d'une fourchette, piquez les morceaux de pommes, enrobez-les de pâte à beignets, et plongez-les dans l'huile bouillante.
○ Sortez au fur et à mesure les beignets du bain de friture lorsqu'ils sont gonflés et dorés à point, et mettez-les à égoutter sur du papier absorbant.
○ Lorsque tous les beignets sont confectionnés, disposez-les dans un plat allant au four, saupoudrez-les avec le sucre glace, et laissez-les quelques instants à four très chaud afin de les «glacer».
○ Dressez les beignets sur un plat de service, préalablement recouvert d'une serviette, et servez immédiatement.

Boisson d'accompagnement : une Clairette de Die.

Notre truc : pour parfumer la pâte à beignets, râpez un petit zeste de citron soigneusement brossé à l'eau chaude. Choisissez un fruit non traité au diphényl.

Omelette aux pommes

vite fait   simple   pas cher

Pour 4 personnes
CUISSON : 10 minutes
INGRÉDIENTS : 8 œufs
2 pommes
2 cuil. à soupe de sucre en poudre
1 pincée de sucre vanille

40 g de beurre
1 cuil. à soupe de crème fraîche
1 cuil. à café d'huile
1 verre à liqueur de calvados
1 goutte de citron
1 pincée de sel

○ Pelez les pommes, coupez-les en quatre, ôtez le cœur et les pépins. Détaillez les quartiers en fines lamelles.

○ Dans une poêle, faites fondre le beurre avec un peu d'huile, et jetez-y les pommes. Faites-les dorer en les remuant régulièrement à la spatule. Arrosez d'une goutte de citron.

○ Cassez les œufs dans une terrine, incorporez la crème fraîche, 1 petite pincée de sel et le sucre vanillé. Battez soigneusement le tout à la fourchette ou mieux, au fouet, et versez cette préparation sur les pommes.

○ Tournez la poêle pour bien répartir l'omelette, remuez le centre à la spatule pour coaguler rapidement les œufs, et laissez cuire doucement 6 à 7 minutes.

○ Faites glisser l'omelette sur un plat de service préalablement chauffé, saupoudrez-la de sucre, et repliez-la.

○ Portez l'omelette à table, arrosez-la avec le calvados, et faites flamber devant vos convives. Vous pouvez décorer le plat de quelques tranches de pommes dorées.

Notre truc : au lieu d'incorporer le sucre vanillé aux œufs battus, on peut le mettre à caraméliser légèrement avec les lamelles de pommes, dans la poêle.

Conseils d'achat : choisissez de préférence, pour cette omelette, des pommes à la pulpe à la fois sucrée et acidulée, des reinettes du Mans par exemple. Contrairement à la plupart des autres variétés, ces pommes sont excellentes, même si la peau est fripée.

Omelette soufflée à l'ananas

Pour 4 personnes
CUISSON : ± 15 minutes
INGRÉDIENTS : ½ ananas
8 œufs

3 cuil. à café de sucre
1 pincée de sucre vanillé
1 noix de beurre
1 verre à liqueur de rhum

○ Pelez le demi-ananas, coupez-le en deux dans le sens de la longueur, éliminez la partie fibreuse du centre. Puis détaillez le fruit en lamelles.

○ Faites chauffer une noisette de beurre à la poêle, sur feu vif, et mettez-y à dorer légèrement les fruits quelques instants. Saupoudrez le tout d'une cuillerée à café de sucre semoule et d'une bonne pincée de sucre vanillé. Laissez blondir le sucre à feu doux.

○ Cassez les œufs dans une terrine, en réservant 3 blancs dans un autre récipient. Battez les œufs en omelette avec 1 cuillerée à café de sucre et le rhum.

○ Montez les 3 blancs en neige dans un saladier au fouet ou mieux encore, au mixer avec 1 cuillerée café de sucre. Ne cessez l'opération que lorsque les blancs collent au fouet.

○ Incorporez délicatement les blancs en neige à l'omelette.

○ Beurrez une grande poêle, mettez sur feu moyen, et versez-y les œufs battus. Remuez le centre de la préparation à la spatule de bois pour accélérer la coagulation des œufs. Laissez cuire quelques minutes.

○ En fin de cuisson, faites glisser l'omelette sur un grand plat de service, disposez dessus les ananas caramélisés, et repliez-la. Servez immédiatement.

Notre truc : vous pouvez, au lieu d'incorporer le rhum dans les œufs battus, réserver l'alcool, le verser sur l'omelette une fois prête et la flamber.

Omelette soufflée aux poires

vite fait   simple   pas cher

Pour 4 personnes   **6 œufs**
CUISSON : 15 minutes env.   **2 cuil. à café de sucre**
INGRÉDIENTS : 2 poires   **1 noisette de beurre**

○ Pelez les poires, coupez-les en quartiers, et ôtez le cœur et les pépins. Détaillez chaque quartier en lamelles.
○ Mettez les fruits dans une poêle avec 1 noisette de beurre, et faites-les sauter rapidement à feu vif.
○ Cassez les œufs dans une terrine, en réservant 2 blancs dans un autre récipient. Battez ces œufs en omelette, en y ajoutant 1 cuillerée à café de sucre.
○ Montez les blancs d'œufs en neige très ferme au fouet ou mieux, au mixer, avec 1 cuillerée à café de sucre. Incorporez délicatement cette préparation à l'omelette.
○ Beurrez légèrement une poêle, mettez sur feu moyen, et versez l'omelette. Remuez le centre de la préparation à la spatule de bois afin d'accélérer la coagulation des œufs. Laissez cuire ainsi quelques minutes.
○ En fin de cuisson, disposez les lamelles de poires sur l'omelette, le temps pour les fruits de chauffer légèrement, puis faites glisser l'omelette sur un plat de service chaud. Repliez-la, et servez immédiatement.

Notre truc : pour la confection de l'omelette, vous pouvez complètement éliminer la matière grasse en utilisant une poêle avec un revêtement anti-adhésif genre «Teflon».

Conseils d'achat : parmi les bonnes variétés de poires à retenir, on peut citer la «beurré hardy» à chair juteuse et sucrée ; la «williams» au parfum caractéristique ; la «doyenné du comice» à la chair blanche particulièrement fondante.

Omelette à l'orange

temps moyen   simple   abordable

Pour 4 personnes   **1 cuil. à soupe de crème fraîche**
CUISSON : 20 minutes   **1 cuil. à soupe de sucre vanillé**
INGRÉDIENTS : 8 œufs   **1 cuil. à soupe de sucre semoule**
2 oranges   **20 g de beurre**
1 zeste de citron   **1 verre à liqueur de rhum**

○ Brossez soigneusement un citron (non traité au diphényl) à l'eau chaude, essuyez-le, et râpez-en finement le zeste.
○ Épluchez les oranges, et détaillez-les en rondelles.
○ Faites fondre 1 noix de beurre dans une sauteuse, et mettez-y les rondelles d'oranges à revenir. Saupoudrez-les avec un peu de sucre vanillé et laissez-les prendre couleur sur feu vif environ 1 minute sur chaque face. Otez du feu et réservez au chaud dans un récipient.
○ Cassez les œufs dans une jatte, et battez-les avec le sucre semoule. Incorporez le zeste de citron râpé, le rhum, et la crème fraîche. Mélangez bien le tout.
○ Faites chauffer 1 noix de beurre dans une grande poêle, et versez-y la préparation. Remuez vivement au centre de la poêle avec une spatule de bois afin de hâter la coagulation, et laissez cuire sur feu moyen 2 à 3 minutes.
○ En fin de cuisson, faites glisser l'omelette sur un plat de service chaud, disposez au mieux les rondelles d'oranges, et repliez l'omelette. Servez immédiatement.

Notre truc : au lieu d'incorporer le rhum dans les œufs battus, vous pouvez le réserver pour flamber l'omelette. En ce cas, veillez à chauffer légèrement l'alcool, ce qui permet un flambage plus aisé.

Omelette soufflée au curaçao

temps moyen   pas trop difficile   abordable

Pour 4 à 5 personnes
CUISSON : 15 minutes env.
INGRÉDIENTS : 7 œufs
180 g de sucre en poudre

1 cuil. à soupe de sucre glace
1 verre à liqueur de curaçao
1 sachet de sucre vanillé
25 g de beurre

○ Cassez les œufs, en séparant les blancs et les jaunes dans deux récipients différents.

○ Mélangez les jaunes à la spatule et ajoutez peu à peu le sucre en poudre. Travaillez bien le mélange quelques minutes pour obtenir une préparation blanche et crémeuse. Incorporez le curaçao.

○ Fouettez les blancs en neige très ferme avec le sucre vanillé, jusqu'à ce que les blancs collent au fouet.

○ Beurrez un plat allant au four et versez-y la préparation. Lissez la surface à la spatule ou avec le dos d'une cuiller. A l'aide d'un couteau, pratiquez une entaille profonde, sur toute la longueur du plat, afin de favoriser une bonne cuisson.

○ Mettez immédiatement à cuire à four chaud, et laissez 15 minutes environ. 3 minutes avant la sortie du four, saupoudrez la surface d'un peu de sucre glace.

○ Servez aussitôt l'omelette soufflée dans son plat de cuisson.

Notre truc : Pour réaliser un bon mélange des blancs et des jaunes, commencez par incorporer 2 à 3 cuillerées de blancs dans les jaunes, avant de verser le reste en une seule fois.

Les soufflés

Une gourmandise digne des meilleurs restaurants!

Les soufflés se servent dès la sortie du four, et c'est là leur difficulté. La composition de base peut être préparée à l'avance, mais les blancs d'œufs en neige devront être incorporés à la dernière minute, juste avant de glisser la préparation au four.

Dessert raffiné, un soufflé aux fruits s'accompagne volontiers d'un verre de champagne, et vous le réserverez dès lors aux grandes occasions.

Soufflé aux fraises

temps moyen   difficile   abordable

Pour 4 à 5 personnes
CUISSON : 30 minutes
INGRÉDIENTS :
250 g de fraises
370 g de sucre en poudre
6 blancs d'œufs
2 jaunes d'œufs

1 petit verre de Grand Marnier
30 g de crème de riz
¼ de l de lait
1 noix de beurre
2 cuil. à soupe de sucre glace
1 pincée de sel

○ Lavez soigneusement, puis équeutez les fraises, Séchez-les sur du papier absorbant, et réduisez-les en purée à la fourchette. Arrosez la purée de fraises avec le Grand Marnier.
○ Dans une casserole, préparez un sirop avec 250 g de sucre et ½ verre d'eau. Mettez à feu doux et laissez chauffer jusqu'à ce que le sirop blondisse légèrement. Versez-le alors sur la purée de fraises, et mélangez soigneusement le tout. Remettez sur le feu et faites cuire à nouveau à feu vif 5 minutes.
○ Dans une autre casserole, préparez une crème comme suit : mettez 100 g de sucre en poudre, 2 jaunes d'œufs, la crème de riz, et mélangez. Ajoutez le lait, 1 pincée de sel, et laissez à feu moyen 2 à 3 minutes en tournant constamment à la spatule en bois. Lorsque le mélange a épaissi, ôtez la casserole du feu et laissez refroidir.
○ Dans un saladier, battez les 6 blancs d'œufs en neige avec 1 cuillerée à soupe de sucre en poudre. Cessez de fouetter lorsque les blancs collent parfaitement au fouet.
○ Incorporez la crème à la purée de fraises, puis ajoutez délicatement les œufs en neige.
○ Beurrez un moule à soufflé, versez-y le mélange, et faites cuire à four chaud pendant 20 minutes. En fin de cuisson, saupoudrez avec les 2 cuillerées de sucre glace. Servez chaud, sans démouler.

Boisson d'accompagnement : un champagne rosé.

Notre truc : pour la bonne réussite du soufflé, veillez à ce que la chaleur du four reste constante, et évitez absolument d'ouvrir le four en cours de cuisson.

Conseils d'achat : choisissez des fraises mûres à point, de couleur rouge franc. Les fraises un peu vertes contiennent des substances irritantes. Quant aux fruits trop mûrs, ils risquent d'avoir subi un début de fermentation.

Soufflé à l'abricot

demande du temps   pas trop difficile   abordable

Pour 4 à 5 personnes
CUISSON : 30 minutes
INGRÉDIENTS : 8 abricots
40 g de farine
¼ de litre de lait

1 sachet de sucre vanillé
40 g de beurre
100 g de sucre en poudre
5 œufs
2 cuil. à soupe de sucre glace

○ Lavez les abricots, dénoyautez-les, et coupez-les en fines la-melles. Mettez-les à cuire dans une casserole, sur feu moyen, avec ½ verre d'eau et le sucre vanillé. Laissez cuire environ ¼ d'heure.

○ Mettez le beurre à fondre dans une petite casserole. Ajoutez-y la farine, mélangez au fouet et laissez cuire doucement 1 mi-nute. Laissez refroidir.

○ Faites bouillir le lait avec 80 g de sucre, versez-le sur le roux froid en délayant au fouet. Portez à ébullition pendant 1 minute. Puis ajoutez hors du feu les 5 jaunes d'œufs (réservez les blancs).

○ Dans un saladier, fouettez les blancs en neige avec 1 cuillerée de sucre en poudre. Lorsque les blancs collent bien au fouet, incorporez-les délicatement à la préparation. Ajoutez, toujours très délicatement, la marmelade d'abricots.

○ Beurrez un moule à soufflé, et versez-y le mélange. Mettez à four moyen et laissez cuire 20 à 25 minutes. Le soufflé est à point lorsque la pâte a doublé de volume, et a pris une couleur dorée.

○ Sortez le soufflé du four, saupoudrez-le de sucre glace, et servez immédiatement sans démouler.

Boisson d'accompagnement : un Xérès.

Conseils d'achat : en dehors de la saison des abricots, qui se situe à la fin du printemps et surtout, durant les mois d'été, cette recette peut fort bien être réalisée avec des fruits en conserve (au sirop, ou au naturel).

Soufflé aux pommes

demande du temps　　　　difficile　　　　abordable

Pour 4 à 5 personnes
CUISSON : 40 minutes
INGRÉDIENTS :
40 gr de farine
¼ de litre de lait
70 gr de beurre

4 œufs
2 pommes
1 verre à liqueur de curaçao
1 pincée de sel
2 cuillerées de marmelade
d'abricot

○ Mettez le beurre dans une casserole, tournez-le à la cuiller de bois quelques instants afin qu'il devienne crémeux. Ajoutez le sucre, puis incorporez la farine et la pincée de sel. Délayez cette préparation avec le lait.

○ Mettez à feu doux et remuez sans cesse pour obtenir une pâte bien lisse. Au premier soupçon d'ébullition, ôtez la casserole du feu. Laissez tiédir.

○ Séparez les blancs des jaunes. Incorporez-les à la pâte.

○ Mettez les blancs dans un saladier et battez-les en neige. Assurez vous bien de leur fermeté avant de les incorporer à leur tour à la pâte. Ajoutez le petit verre de curaçao.

○ Pelez les pommes, coupez-les en quartiers, et laissez-les cuire doucement à la poêle, dans une noix de beurre. Lorsqu'elles sont cuites, ajoutez une bonne cuillerée de sucre en poudre.

○ Prenez un moule à soufflé. Beurrez-le largement pour éviter que votre soufflé, une fois cuit, n'adhère aux parois. Versez la moitié de la pâte. Placez-y la marmelade de pommes à laquelle vous aurez mélangé les 2 cuillerées de marmelade d'abricot.

○ Recouvrez avec le reste de la pâte et mettez le soufflé à four moyen durant 40 minutes, environ. La pâte doit monter et doubler de volume. Le soufflé est cuit lorsqu'il prend une coloration bien dorée.

○ Servez immédiatement à la sortie du four après avoir saupoudré le gâteau de sucre. On ne démoule jamais un soufflé.

Boisson d'accompagnement : un Sauternes.

Notre truc : la réussite d'un soufflé est délicate et il faut arriver au degré de cuisson optimum pour que les blancs coagulent parfaitement, ce qui donne au soufflé sa tenue. Sinon, le soufflé, dès sa sortie du four, s'affaisserait. Veillez à ce que votre four soit à une température régulière, ce qui est le meilleur garant de réussite. Et bien entendu, évitez d'ouvrir le four durant la cuisson.

Soufflé aux poires

temps moyen   difficile   abordable

Pour 4 à 5 peronnes   ¼ de litre de lait
CUISSON : 30 minutes env.   30 g de crème de riz
INGRÉDIENTS : 4 poires   30 g de beurre
4 œufs   1 cuil. d'eau-de-vie de poire
100 g de sucre en poudre   2 cuil. à café de sucre glace

○ Pelez les poires, coupez-les en quatre, ôtez le cœur et les pépins. Passez la pulpe à la moulinette pour la réduire en purée.
○ Dans une petite casserole, faites bouillir la moitié du lait avec le sucre en poudre. Hors du feu, ajoutez la purée de poires, remuez bien, puis replacez le récipient sur le feu 5 minutes.
○ Délayez la crème de riz dans le lait froid, puis versez dessus la préparation aux poires très chaude. Mettez le tout sur feu vif quelques instants, en tournant à la cuiller de bois, portez à ébullition, ôtez du feu, et incorporez le beurre.
○ Cassez les œufs, réservez les blancs dans un saladier, et ajoutez les jaunes à la préparation. Laissez refroidir.
○ Montez les blancs en neige en les fouettant vigoureusement. Vous devez obtenir des blancs très fermes qui «collent» au fouet. Incorporez délicatement ces blancs à la préparation.
○ Beurrez un moule à soufflé, garnissez-le du mélange, et mettez à cuire à four chaud 25 minutes. En fin de cuisson, saupoudrez de sucre glace, et servez aussitôt dans le moule de cuisson.

Conseils d'achat : on peut utiliser de nombreuses variétés de poires pour la réalisation de ce soufflé : «beurré hardy», «wiliams», «passe-crassane», mais choisissez de préférence, en hiver, la «doyenné du comice». Ce fruit, beaucoup cultivé dans le Val de Loire, est remarquable par sa chair blanche et très fondante, particulièrement juteuse.

Soufflé au citron

temps moyen   difficile   abordable

Pour 4 à 5 personnes   **100 g de sucre**
CUISSON : 25 minutes   **¼ l de lait écrémé**
INGRÉDIENTS : 4 citrons   **30 g de crème de riz**
4 œufs   **30 g de beurre**

○ Pressez les citrons pour en extraire le jus, et râpez finement le zeste de l'un d'entre eux après l'avoir brossé soigneusement à l'eau chaude.

○ Dans une petite casserole, faites bouillir la moitié du lait écrémé avec le sucre.

○ Dans le lait froid qui reste, délayez la crème de riz, puis versez dessus le lait bouillant en délayant au fouet. Placez l'ensemble dans une casserole sur feu doux quelques instants, et tournez jusqu'à ce que le mélange épaississe. Otez du feu.

○ Ajoutez alors le jus des citrons et le zeste, puis le beurre. Remuez bien le tout.

○ Cassez les œufs, réservez les blancs dans un saladier, et incorporez les jaunes dans la préparation. Laissez refroidir.

○ Dans le saladier, fouettez les blancs en neige très ferme, et mélangez délicatement ces blancs à la préparation.

○ Beurrez un moule à soufflé, garnissez-le de la crème, et mettez à cuire à four chaud 25 minutes.

○ Servez immédiatement le soufflé dans son moule de cuisson.

Notre truc : comme on ne démoule jamais un soufflé, choisissez, si vous avez des convives, un moule attractif. Il en existe de très beaux en porcelaine décorée, allant au feu.

Conseils d'achat : pour le zeste entrant dans cette préparation, choisissez un citron non traité au diphényl. Cette matière, destinée à conserver les fruits, est peu toxique à faible dose. Elle peut toutefois provoquer des irritations.

Soufflé aux agrumes

temps moyen　　　　　　　difficile　　　　　　　　abordable

Pour 4 à 5 personnes
CUISSON : 25 minutes
INGRÉDIENTS :
2 belles oranges
1 zeste d'orange
½ jus de citron

4 œufs
100 g de sucre en poudre
¼ l de lait écrémé
30 g de crème de riz
30 g de beurre

○ Pressez les oranges, pour en extraire le jus, et ajoutez le jus d'un demi-citron.

○ Brossez soigneusement le zeste d'une orange à l'eau chaude, séchez-le, et râpez-le finement.

○ Dans une petite casserole, faites bouillir la moitié du lait avec le sucre.

○ Délayez la crème de riz dans l'autre moitié de lait froid, puis ajoutez le lait bouillant sucré. Remuez vivement au fouet durant cette opération. Placez cette préparation quelques instants sur feu doux, et tournez régulièrement à la cuiller de bois jusqu'à ce que le mélange épaississe. Retirez du feu.

○ Ajoutez alors le jus des agrumes, le zeste d'orange râpé, puis incorporez le beurre. Mélangez bien le tout.

○ Cassez les œufs, réservez les blancs dans un saladier, et mettez les jaunes dans la préparation. Laissez refroidir.

○ Montez les blancs d'œufs en neige en les fouettant énergiquement, de préférence au mixer pour obtenir des blancs très fermes. Incorporez ces blancs délicatement à la préparation.

○ Beurrez un moule à soufflé, garnissez-le de la crème, et mettez à cuire à four chaud 25 minutes. Servez immédiatement dans le moule de cuisson.

Conseils d'achat : choisissez, pour la confection de ce soufflé, des oranges à jus comme par exemple la «washington navel» qui apparaît sur les marchés vers la fin novembre, la «sanguinelli» d'Espagne dont la grande époque de consommation est février-mars, ou encore la «valencia late» commercialisée principalement de mars à juin.

Soufflé au Grand Marnier

temps moyen   difficile   abordable

Pour 4 à 5 personnes
CUISSON : 30 minutes
INGRÉDIENTS : 1 orange
⅓ de litre de lait
30 g de crème de riz

90 g de sucre en poudre
30 g de beurre
6 œufs
2 petits verres de
Grand Marnier
2 cuil. à soupe de sucre glace

○ Brossez soigneusement l'orange à l'eau chaude. Otez le zeste de la moitié du fruit.
○ Réservez 1 verre de lait, et versez le restant dans une casserole. Ajoutez 70 g de sucre en poudre, le zeste d'orange, et faites bouillir le lait. Retirez le zeste. Baissez le feu.
○ Dans un bol, délayez la crème de riz dans le verre de lait que vous avez réservé, et versez cette préparation dans le lait bouillant. Remuez quelques instants au fouet en attendant que le mélange épaississe. Otez alors du feu.
○ Ajoutez le beurre, et les jaunes de 4 œufs, en continuant de remuer. Laissez refroidir.
○ Dans un saladier, battez en neige le blanc des 6 œufs, avec 1 cuillerée à soupe de sucre en poudre. Cessez l'opération dès que les blancs collent parfaitement au fouet.
○ Incorporez délicatement ces blancs à la préparation, en veillant bien à ce que celle-ci soit parfaitement refroidie. Ajoutez-le Grand Marnier.
○ Beurrez un moule à soufflé, et versez-y le mélange. Mettez à four chaud et laissez cuire 25 minutes.
○ Dès la sortie du four, saupoudrez le soufflé de sucre glace, et servez-le sans le démouler.

Boisson d'accompagnement : un vin d'Anjou pétillant.

Notre truc : pour parfumer la préparation à l'orange, on peut, au lieu de mettre le zeste dans le lait, se servir de sucre en morceaux, et frotter ceux-ci contre la peau du fruit afin de les imprégner des sucs du zeste.

Les fruits de saison

Une corbeille de fruits est un très beau dessert, surtout quand les fruits qui la composent ont été soigneusement sélectionnés. Mais si vous voulez leur donner un petit air de fête, présentez-les joliment dans des raviers, dans des coupes, en salade, flambés, nappés de crème ou de fromage blanc.

Les fruits, agréables en toute saison, sont toujours appréciés, surtout quand le repas fut copieux.

Nous vous proposons aussi quelques compotes, dessert facile dont les enfants raffolent.

Fruits rouges au fromage blanc

vite fait   simple   abordable

Pour 5 à 6 personnes
INGRÉDIENTS :
100 g de cerises
100 g de fraises
100 g de framboises

250 g de fromage blanc maigre
1 verre de lait écrémé
3 cuil. de sucre en poudre
1 cuil. de kirsch

○ Lavez les cerises, séchez-les et dénoyautez-les.
○ Lavez les framboises et laissez-les s'égoutter sur du papier absorbant.
○ Lavez les fraises, séchez-les sur du papier absorbant, puis équeutez-les. Coupez les fruits en deux dans le sens de la longueur en réservant 5 à 6 fruits entiers.
○ Versez le fromage blanc dans un saladier, ajoutez le verre de lait et la cuillerée de kirsch, et fouettez énergiquement avec le sucre.
○ Quand le mélange devient mousseux, ajoutez les fraises coupées en deux, les ¾ des framboises, et les cerises dénoyautées, mélangez délicatement le tout.
○ Remplissez de cette préparation des coupes individuelles, terminez, en guise de décoration avec les fraises et framboises entières.
○ Placez au réfrigérateur ½ heure avant de servir.

Notre truc : mettez les fruits dans le fromage blanc dans l'ordre suivant : d'abord les fraises et les cerises, remuez, puis les framboises. La crème se teintera du jus des fraises coupées en deux et des cerises dénoyautées, ce qui sera du plus bel effet décoratif.

Conseils d'achat : ce délicieux dessert est à confectionner au début de l'été, qui est la grande saison des fruits rouges. On peut encore en augmenter la saveur si on a la chance de trouver quelques fraises des bois.

Fraises au vin

vite fait   simple   abordable

Pour 4 personnes
INGRÉDIENTS :
350 g de fraises
1 citron

1 cuil. à soupe de sucre
3 verres de vin rouge
1 cuil. à soupe de cognac

○ Lavez soigneusement les fraises à plusieurs eaux, mettez-les à sécher sur du papier absorbant, puis équeutez-les.
○ Brossez un citron (non traité du diphényl) à l'eau tiède, essuyez-le, et coupez-le en rondelles.
○ Dans un grand bol, mélangez le vin et le sucre. Ajoutez un peu de cognac et quelques gouttes de citron. Remuez bien le tout pour que le sucre soit bien dissous dans le liquide.
○ Disposez les rondelles de citron autour des parois de coupes individuelles, et répartissez les fraises dans les coupes.
○ Arrosez les fruits avec la préparation au vin rouge, et placez les coupes quelques instants dans la partie haute du réfrigérateur, avant de servir.

Notre truc : vous pouvez modifier cette classique recette en remplaçant le vin rouge par un vin blanc moelleux tel un Vouvray ou un Coteaux-du-Layon. Ces vins du Val de Loire apporteront une note originale à ce dessert.

Conseils d'achat : évitez les fraises encore un peu vertes qui contiennent des substances irritantes. Choisissez des fruits mûrs à point, d'un beau rouge franc. Parmi les meilleures variétés de fraises, on peut citer la Surprise des Halles, Royale de Carpentras, Madame Moutot, Sans Rivale, ou encore Talisman.

Melon en surprise au fromage blanc

vite fait   simple   abordable

Pour 4 personnes
2 H au réfrigérateur
INGRÉDIENTS :
2 melons moyens
2 pêches

1 poignée de cerises
100 gr de fraises
1 pot de fromage blanc maigre
2 cuillerées à café de sucre

○ Essuyez les melons avec un linge humide et coupez-les par le milieu.

○ A l'aide d'une cuiller, ôtez la partie centrale qui contient les pépins.

○ A l'aide de cette même cuiller, retirez la chair des melons, en découpant des cuillerées régulières. Veillez à ne pas creuser trop profond afin de ne pas abîmer la peau.

○ Pelez les pêches délicatement et découpez-les en petits dés.

○ Lavez les cerises et dénoyautez-les.

○ Lavez soigneusement les fraises. Equeutez-les, et coupez-les en deux dans le sens de la longueur.

○ Dans un petit saladier, versez le fromage blanc, ajoutez le sucre et fouettez énergiquement le tout pour obtenir une crème onctueuse.

○ Dans chaque demi-melon, versez un peu de fromage blanc, puis garnissez avec les morceaux de melon, les fraises et les cerises. Versez sur les fruits, en répartissant, le restant du fromage blanc sucré.

○ Placez les demi-melons dans la partie haute du réfrigérateur pendant 2 heures, avant de servir.

Notre truc : Si l'on veut rendre encore plus raffiné ce très beau dessert, on peut ajouter au mélange sucre-fromage blanc, un petit verre à liqueur de porto ou, à défaut, de madère. La liqueur met en valeur les fruits, et plus particulièrement, fait ressortir l'arôme du melon.

Conseils d'achat : Choisissez les melons en les soupesant. Il faut qu'ils soient lourds à la main. C'est un indice de qualité.
On peut juger de la maturité des melons d'une façon extrêmement simple : s'ils sont à point, la queue doit se détacher facilement du fruit.

Délice flambé aux trois fruits

vite fait   simple   abordable

Pour 6 personnes   **100 g de cerises**
INGRÉDIENTS : 1 ananas   **2 verres à liqueur de rhum**
3 beaux abricots   **2 sachets de sucre vanillé**

○ Après avoir coupé droit les extrémités de l'ananas, coupez le fruit en 6 tranches épaisses.
○ Débarrassez chaque tranche de son écorce et, à l'aide d'un couteau pointu, ôtez la partie centrale fibreuse.
○ Lavez soigneusement les abricots, séchez-les avec un torchon, séparez-les en deux et retirez le noyau.
○ Lavez les cerises, séchez-les sur du papier absorbant. Puis équeutez-les et dénoyautez-les.
○ Placez chaque tranche d'ananas sur une assiette à dessert. Mettez un demi-abricot dans l'évidement, et entourez avec une couronne de cerises. Saupoudrez les fruits légèrement avec le sucre vanillé.
○ Dans une petite casserole, faites chauffer le rhum quelques instants. Versez l'alcool chaud sur les fruits et faites flamber devant vos convives.

Notre truc : pour que le demi-abricot s'imprègne bien de rhum, coupez-le en lamelles à l'aide d'un couteau bien aiguisé, avant de le reconstituer dans sa forme primitive.

Conseils d'achat : pour ce dessert, choisissez de préférence des cerises acidulées, comme les griottes, ou des cerises légèrement aigres, comme les variétés Montmorency ou Bourgueil.

Coupe d'abricots en neige

temps moyen   simple   pas cher

Pour 6 personnes   **350 g de fromage blanc maigre**
CUISSON : 20 minutes   **½ verre de lait**
INGRÉDIENTS :   **1 cuil. à soupe de sucre**
1 kg d'abricots

○ Lavez soigneusement les abricots, séparez-les en deux et retirez le noyau.
○ Dans une casserole, faites bouillir un verre d'eau additionnée de la cuillerée de sucre, afin de confectionner un léger sirop.
○ Plongez les moitiés d'abricots dans le sirop bouillant, et laissez cuire 20 minutes environ sur feu doux, en couvrant le récipient.
○ Surveillez attentivement la cuisson des fruits, et retirez la casserole du feu avant que les abricots ne soient tout à fait cuits.
○ Dans un saladier, battez au fouet le fromage blanc avec le lait écrémé, jusqu'à ce que le mélange devienne mousseux.
○ Répartissez dans 6 coupes, les moitiés d'abricots avec leur sirop, nappez avec le mélange lait-fromage blanc, et placez les coupes au réfrigérateur ½ heure avant de servir.

Notre truc : pour rehausser la saveur de ce dessert basses calories, cassez les noyaux des abricots pour en extraire les amandes. Otez la fine peau qui les recouvre, et parsemez les coupes de petits morceaux d'amandes.

Conseils d'achat : la grande saison de production des abricots se situe entre mi-juin et mi-juillet. C'est la seule période où ces fruits sont réellement avantageux à l'achat. Choisissez de préférence la variété «rouge du Roussillon», abricot juteux et parfumé et qui possède une excellente tenue pour la confection de fruits au sirop.

Pêches à la cardinal

demande du temps   pas trop difficile   abordable

Pour 6 personnes   **250 gr de sucre**
2 h au frais   **½ gousse de vanille**
INGRÉDIENTS :   **1 jus de citron**
6 belles pêches   **120 gr de gelée de groseilles**
mûres mais fermes

○ Faites bouillir de l'eau dans une grande casserole.
○ Plongez-y les pêches 30 secondes, sans enlever la casserole du feu.
○ Mondez les pêches avec précaution, afin de les laisser intactes, et placez-les dans un grand compotier.
○ Mettez le sucre, le jus de citron et la vanille avec ½ litre d'eau. Portez à ébullition une bonne minute. Réservez 1 verre de ce sirop.
○ Plongez délicatement les fruits dans le sirop. Laissez cuire 8 à 10 minutes, et faites refroidir les pêches dans le sirop.
○ Couvrez hermétiquement le compotier et laissez environ 2 heures au frais. A noter que vous pouvez réduire ce temps, sans dommage pour la recette, en plaçant ½ heure le compotier dans la partie basse du réfrigérateur.
○ Dans une petite casserole, chauffez légèrement la gelée de groseilles, que vous aurez allongée du verre de sirop mis en réserve à cet effet.
○ Au moment de servir, arrosez les pêches avec le sirop à la gelée de groseilles. Servez les pêches à la cardinal soit présentées dans le compotier, soit individuellement dans des coupes, chaque pêche recouverte d'une bonne cuillerée de sirop. Vous pouvez saupoudrer d'amandes effilées.

Boisson d'accompagnement : un vin jaune d'Arbois.

Notre truc : Pour la confection d'un bon sirop, il est déconseillé de tourner la préparation avec une cuiller. Contentez-vous de remuer doucement la casserole en imprimant un mouvement tournant pour égaliser la chaleur durant la fusion du sucre.

Conseils d'achat : Choisissez de gros fruits à chair fondante et parfumée. Cette recette se réussit aussi bien avec les variétés à chair blanche qu'à chair jaune. C'est une simple question de goût. Assurez-vous seulement, avant d'entreprendre la confection de ce succulent dessert, que les pêches n'ont pas une chair farineuse, ce qui arrive parfois même pour les fruits de belle apparence.

Ananas en surprise

vite fait   simple   abordable

Pour 6 personnes   **1 grappe de raisin noir**
INGRÉDIENTS : 1 ananas   **6 clémentines**
2 poires   **1 verre à liqueur de rhum**

○ Découpez soigneusement la calotte de l'ananas, et réservez cette dernière, avec ses feuilles.
○ A l'aide d'un couteau pointu bien aiguisé, évidez le fruit comme suit : plantez la lame dans la pulpe à 1 bon centimètre du bord puis, avec un mouvement de va-et-vient, suivez le contour de l'ananas. Coupez la pulpe ainsi dégagée en petits dés, après avoir éliminé la partie fibreuse du centre de l'ananas.
○ Pelez les poires, coupez-les en quartiers, ôtez le cœur et les pépins. Détaillez la chair en morceaux.
○ Lavez la grappe de raisin, séchez-la, et égrenez-la.
○ Épluchez les clémentines, et séparez-les en quartiers.
○ Mettez tous ces fruits dans une terrine, arrosez-les d'un peu de rhum, et mélangez-les délicatement.
○ Remplissez l'ananas de cette salade de fruits, replacez la calotte avec les feuilles, et placez le fruit au réfrigérateur 30 minutes environ, avant de servir.

Notre truc : pour que les morceaux de poires ne noircissent pas à l'air, lorsque les fruits sont épluchés, passez dessus un quartier de citron. Ceci aura également pour avantage de parfumer agréablement le dessert.

Conseils d'achat : évitez l'acquisition de mandarines (à la place de clémentines) pour un tel dessert, car ces fruits, plus petits et moins coûteux que les clémentines, ont le désavantage de contenir des pépins.

Fruits d'automne rafraîchis

temps moyen   simple   abordable

Pour 5 à 6 personnes
1 heure au réfrigérateur
INGRÉDIENTS : 2 oranges
2 poires
2 pommes
1 citron

1 grappe de raison noir
1 grappe de raisin blanc
Quelques noix
1 poignée de noisettes
½ verre de madère
1 cuil. à soupe de sucre en poudre

○ Épluchez les pommes et les poires, coupez-les en quartiers, épépinez-les, puis détaillez-les en lamelles dans un compotier.
○ Pressez le jus du citron, et arrosez-en les pommes et les poires. Laissez macérer.
○ Pendant ce temps, pelez les oranges et séparez-les en quartiers. Coupez chaque quartier en deux, et ajoutez-les aux pommes et poires.
○ Lavez soigneusement les grappes de raisin, égrenez-les, et mettez les grains dans le compotier.
○ Cassez les noix et les noisettes. Brisez menu les cerneaux de noix, laissez les noisettes entières. Réservez.
○ Saupoudrez les fruits avec la cuillerée à soupe de sucre, arrosez-les de madère. Mélangez délicatement le tout.
○ Remplissez de cette macédoine de fruits des coupes individuelles, et placez celles-ci au réfrigérateur 1 heure.
○ Au moment de servir, parsemez chaque coupe de quelques noisettes entières et de petits morceaux de noix.

Notre truc : le jus de citron qui arrose les pommes et poires n'est pas uniquement destiné à en rehausser la saveur. Il permet également d'éviter que les lamelles de fruits ne noircissent.

Conseils d'achat : chasselas, gros-vert, muscat..., toutes les variétés de raisins sont recommandables à la condition de ne choisir que des grains bien mûrs. Trop vert, le raisin contient des matières inassimilables, le tanin en particulier.

Pommes au four en chemise

temps moyen   simple   pas cher

Pour 6 personnes
CUISSON : 20 à 30 minutes
INGRÉDIENTS :
6 belles pommes
6 noisettes de beurre
30 g de sucre semoule

100 g de raisins secs
6 cuillerées à café de rhum
1 pincée de cannelle
100 g de fromage blanc maigre
2 cuil. à soupe de lait écrémé

○ Épluchez les pommes, et évidez-les pour enlever tous les pépins.
○ Beurrez légèrement un plat allant au four, et disposez-y les pommes en coupant légèrement leur base afin qu'elles se tiennent bien droites.
○ Dans la cavité que vous aurez ménagée à l'intérieur de chaque pomme, placez une noisette de beurre, une petite poignée de raisins secs, une cuillerée à café de sucre en poudre, une pincée de cannelle et la cuillerée à café de rhum. Saupoudrez légèrement les bords de chaque pomme avec un peu de sucre.
○ Mettez le plat à four doux et laissez cuire les pommes 20 à 30 minutes.
○ Pendant ce temps, battez le fromage blanc avec un peu de lait pour le rendre onctueux.
○ Quand les fruits sont cuits, placez-les dans de petites coupes individuelles, et servez-les chaudes ou tièdes en les nappant avec le fromage blanc battu.

Notre truc : 2 à 3 minutes avant la fin de la cuisson, allumez votre gril afin que le sucre dont vous avez saupoudré les pommes caramélise bien.

Conseils d'achat : quelle que soit la variété de pommes choisie, veillez à ce que les fruits aient une peau lisse et luisante (à l'exception des reinettes qui sont excellentes, même avec la peau fripée). N'achetez pas des pommes à la peau tachée, car ces taches s'enfoncent généralement en profondeur dans la pulpe.

Salade d'hiver

vite fait   simple   pas cher

Pour 6 personnes   **½ citron**
INGRÉDIENTS : 3 pommes   **1 verre à liqueur de rhum**
3 oranges   **1 cuil. à soupe de sucre en**
1 banane   **poudre**
                                 1 pincée de sucre vanillé

○ Épluchez les pommes, ôtez le cœur et les pépins à l'aide d'un vide-pommes, coupez-les en tranches. Réservez les six tranches les plus belles, et détaillez les autres en quartiers.
○ Brossez soigneusement une orange à l'eau chaude, essuyez-la, et prélevez 6 belles tranches fines dans le milieu. Pressez le reste pour en extraire le jus.
○ Épluchez deux oranges, séparez-les en quartiers, et coupez en deux chacun d'eux.
○ Épluchez la banane, et détaillez-la en fines rondelles.
○ Garnissez les parois d'un saladier (ou d'un compotier) en verre avec les tranches d'oranges et de pommes, en alternant. Placez au centre les quartiers de pommes, d'oranges, les rondelles de banane.
○ Mettez dans un bol 1 cuillerée à soupe de sucre, 1 pincée de sucre vanillé, le jus d'orange, le jus d'un demi-citron, un peu de rhum. Remuez à la cuiller pour bien dissoudre le sucre dans le liquide, et arrosez la salade de fruits de cette préparation.
○ Mettez la salade 20 à 30 minutes dans la partie haute du réfrigérateur, avant de servir.

Conseils d'achat : pour cette salade, choisissez des oranges de table et non des fruits à presser. Les «maltaises», fruits à la pulpe très juteuse, sont parmi les meilleures variétés qui soient ; on les trouve surtout de décembre à mars. En variété plus précoce, on peut citer les «thomson navel» qui possèdent l'avantage de ne pas avoir de pépins.

Pruneaux au vin de Cahors

demande du temps   simple   pas cher

Pour 4 personnes
1 nuit à macérer
CUISSON : 15 minutes
INGRÉDIENTS :
300 g de pruneaux
½ bouteille de vin de Cahors
1 cuil. à soupe d'Armagnac
70 g de sucre en poudre

1 cuil. à café de sucre vanillé
1 orange
1 pointe de cannelle
10 cl de crème fraîche
1 glaçon
1 poignée d'amandes effilées

○ Lavez soigneusement les pruneaux, et séchez-les.
○ Brossez l'orange sous l'eau chaude, essuyez-la et coupez-la en rondelles.
○ Mettez les pruneaux dans un grand saladier, versez le vin rouge, et ajoutez le sucre en poudre, le sucre vanillé, la cuillerée à soupe d'Armagnac, les tranches d'orange. Relevez le tout d'une pointe de cannelle en poudre, et laissez macérer une douzaine d'heures.
○ Versez le contenu du saladier dans une casserole, après avoir ôté les tranches d'orange, et portez le liquide à ébullition. Laissez frémir 15 minutes à découvert.
○ Replacez les pruneaux au vin dans le saladier et laissez refroidir.
○ Quelques instants avant de servir, mettez la crème fraîche dans une jatte, ajoutez 1 cuillerée de sucre et 1 glaçon, et fouettez cette crème jusqu'à l'obtention de chantilly.
○ Répartissez les pruneaux dans des coupes, recouvrez-les de vin, et déposez sur le tout un beau macaron de chantilly à la poche à douille. Saupoudrez d'amandes effilées avant de servir.

Conseils d'achat : les pruneaux les plus estimés proviennent de la région d'Agen, mais à défaut, on trouve dans le commerce d'excellents fruits d'importation, de Californie surtout. Les pruneaux existent en différents calibres, les plus gros restant les plus chers, sans que la notion de qualité intervienne.

Mousse de pommes glacée

demande du temps   simple   pas cher

Pour 6 à 8 personnes
CUISSON : 15 minutes
1 h au réfrigérateur

INGRÉDIENTS :
1 kg de pommes
1 jus de citron
1 pincée de cannelle

○ Épluchez les fruits, coupez-les en quatre, et débarrassez les quartiers du cœur et des pépins.
○ Dans une casserole, coupez les quartiers en lamelles, ajoutez-y 1 verre d'eau, et mettez sur feu vif, le récipient couvert.
○ Dès l'ébullition, diminuez l'intensité du feu, ajoutez la pincée de cannelle, et remuez soigneusement en vous servant d'une cuiller de bois.
○ En fin de cuisson, versez dans la compote de pommes le jus de ½ citron, et laissez refroidir.
○ Lorsque la préparation est froide, passez-la au mixer pour la rendre bien aérée et mousseuse.
○ Versez alors la mousse dans un compotier, et placez-le dans la partie haute du réfrigérateur pendant 1 heure, avant de servir.

Notre truc : vous donnerez un parfum incomparable à cette mousse de pommes en ajoutant un coing à ces derniers fruits. On trouve le coing sur les marchés à partir du mois d'octobre, période où il vient à maturité.

Conseils d'achat : il est inutile, pour la confection de cette mousse, de choisir des variétés de pommes coûteuses. La variété d'origine américaine du type «golden», et dont la France est le premier producteur mondial, suffit amplement.

Compote aux trois fruits

temps moyen   simple   pas cher

Pour 6 personnes
CUISSON : 30 minutes
INGRÉDIENTS : 5 pommes
5 poires

3 oranges
2 cuillerées à café de rhum
1 pincée de cannelle
6 cerises confites

○ Épluchez les pommes et les poires. Otez les pépins et coupez les fruits en petits dés.
○ Pressez le jus des trois oranges.
○ Versez la moitié du jus des oranges dans une casserole avec les deux cuillerées à café de rhum et faites chauffer à feu moyen.
○ Lorsque le jus commence à bouillir, ajoutez les petits morceaux de pommes et de poires. Laissez cuire à feu moyen environ 15 minutes. Remuez de temps en temps.
○ Passé ce temps, ajoutez le reste du jus d'orange, une pincée de cannelle en poudre. Mélangez bien et laissez à nouveau cuire, à feu doux, 15 minutes.
○ Lorsque la compote est cuite, retirez la casserole du feu et passez son contenu au moulin à légumes.
○ Remplissez de cette mousse des coupes individuelles et piquez au centre une cerise confite.
○ Placez ces coupes au réfrigérateur ½ heure environ avant de servir.

Notre truc : Pour rendre les coupes plus décoratives, vous pouvez en givrer les bords en procédant comme suit : humectez avec un quartier de citron, le bord des coupes, avant remplissage, et renversez-les dans une assiette où vous aurez mis 2 à 3 cuillerées de sucre en poudre. Le sucre adhère au citron, givrant ainsi les bords. Vous obtiendrez un très bel effet décoratif.

Conseils d'achat : Les trois fruits qui entrent dans cette recette sont présents sur les marchés quasiment toute l'année. Il est inutile d'acquérir des variétés coûteuses pour réaliser la compote. Veillez seulement à ce que les oranges soient des oranges à jus (washington navel, valencia late par exemple) et que pommes et poires ne soient pas des variétés à chair farineuse.

Compote meringuée

temps moyen   simple   pas cher

Pour 6 personnes
CUISSON :
25 minutes
INGRÉDIENTS :
500 g de pommes

500 g de poires
2 blancs d'œufs
1 sachet de sucre vanillé

○ Pelez les pommes et les poires, coupez-les en quatre, et débarrassez les quartiers du cœur et des pépins.
○ Coupez les morceaux de fruits en lamelles, et mettez-les à cuire dans une casserole, avec 1 verre d'eau.
○ Couvrez la casserole, portez à ébullition, puis réduisez le feu et laissez cuire une dizaine de minutes.
○ Pendant ce temps, cassez les œufs, placez les blancs dans un saladier, et fouettez-les en neige très ferme avec le sachet de sucre vanillé.
○ Lorsque la compote de fruits est cuite, réduisez-la en purée en la passant à la moulinette ou au mixer.
○ Versez cette préparation dans 6 petites terrines individuelles allant au four, et surmontez le tout des blancs d'œufs en neige.
○ Mettez à four chaud une dizaine de minutes, et, lorsque la meringue est bien dorée, sortez du four. Servez ce dessert tiède ou froid.

Notre truc : pour rehausser la saveur de la compote, vous pouvez l'aromatiser avec une goutte de rhum.

Conseils d'achat : pour la confection de la compote, évitez d'acquérir des fruits trop mûrs, tant pour les pommes que les poires. Des fruits un peu verts, un peu acidulés, donnent à la compote une saveur plus agréable.

Compote de rhubarbe au fromage blanc

temps moyen · · · · · · · · · · simple · · · · · · · · · · pas cher

Pour 5 à 6 personnes
CUISSON : 25 minutes
INGRÉDIENTS :
1 kg de rhubarbe
2 cuil. à soupe de sucre en
poudre

1 cuil. à café de sucre vanillé
10 cl de fromage blanc maigre
1 cuil. à soupe de lait écrémé
Quelques cerises confites

○ Préparez la rhubarbe en ôtant les feuilles pour ne conserver que les tiges. Épluchez celles-ci soigneusement au couteau économe, pour bien retirer tous les fils. Coupez les tiges en petits tronçons.
○ Mettez la rhubarbe dans une casserole avec un peu d'eau, ajoutez le sucre vanillé, et laissez cuire à couvert environ 25 minutes.
○ Passé ce temps, versez la compote dans un compotier et laissez refroidir.
○ Placez le fromage blanc dans un saladier, ajoutez 1 cuillerée à soupe de lait, et 2 cuillerées à soupe de sucre en poudre. Battez le tout au fouet pour obtenir une crème légère et bien aérée.
○ Sur la compote froide, à l'aide d'une poche à douille, tracez un quadrillage de fromage blanc. Piquez une cerise confite à chaque intersection, avant de servir.

Notre truc : on peut faire cuire la rhubarbe sans adjonction de sucre vanillé, et lui incorporer, avant de la verser dans le compotier, une bonne cuillerée de miel.

Les glaces

C'est bon, c'est frais, fruité, chocolaté, parfumé... Quel délice, la glace !

Dans de jolies coupes, dans des écorces de fruits ou en forme de bombe, c'est le dessert irrésistible qui se déguste avec un brin de gourmandise.

C'est le dessert idéal aussi, en ce sens qu'il est prêt à l'avance même si certaines présentations demandent encore une petite intervention de dernière minute. Il est vrai que la décoration, ici, n'est pas sans importance ! Voici d'ailleurs quelques idées hautes en couleurs...

Pêches en glace

demande du temps   pas trop difficile   abordable

Pour 6 personnes
CUISSON : 40 minutes
1 H ½ EN SORBETIÈRE
INGRÉDIENTS :
3 belles pêches
½ litre de lait

450 g de sucre en poudre
5 jaunes d'œufs
½ gousse de vanille
1 petit pot de gelée de groseilles
1 sachet d'amandes effilées

○ Dans une casserole, faites bouillir le lait avec 200 g de sucre et la ½ gousse de vanille.
○ Cassez les œufs et mettez les jaunes dans une terrine. Battez-les et versez dessus, peu à peu, le lait bouillant tout en continuant à battre.
○ Mettez ce mélange dans une casserole, à feu doux, en tournant à la cuiller de bois afin que la crème épaississe. Lorsque celle-ci nappe la cuiller, ôtez du feu et laissez refroidir.
○ Versez ensuite le mélange refroidi en sorbetière pour obtenir une glace vanille, pendant 1 h ½.
○ Pendant ce temps, faites bouillir une casserole d'eau, plongez-y les pêches quelques instants, puis pelez-les. Coupez-lez en deux et ôtez le noyau.
○ Préparez un sirop en faisant bouillir environ 10 minutes, ½ litre d'eau avec 250 g de sucre.
○ Plongez les pêches dans ce sirop et laissez cuire les fruits à feu doux 10 à 15 minutes. Puis égouttez-les et laissez-les refroidir sur une assiette.
○ Placez chaque ½ pêche dans le fond d'une coupe, couvrez avec la glace vanille, et nappez cette glace de gelée de groseilles, légèrement diluée dans de l'eau chaude. Parsemez d'amandes effilées et servez aussitôt.

Conseils d'achat : Pour la bonne tenue des pêches à la cuisson, choisissez des fruits qui ne soient pas trop mûrs. En dehors de la saison des pêches (mois d'été), on peut très bien confectionner cette recette avec des pêches au sirop en boîte. Il est alors évidemment inutile de les pocher dans un sirop.

Ananas glacé

demande du temps   pas trop difficile   abordable

Pour 5 à 6 personnes   **150 g de sucre en poudre**
CUISSON : 15 minutes   **½ gousse de vanille**
1 heure en sorbetière   **1 verre à liqueur de rhum**
INGRÉDIENTS : 1 bel ananas   **5 jaunes d'œufs**
½ litre de lait   **1 pincée de sucre vanillé**

○ Faites bouillir le lait dans une casserole avec la demi-gousse
de vanille, et la pincée de sucre vanillé.
○ Cassez les œufs, mettez les jaunes dans une jatte, battez-les
avec le sucre jusqu'à ce que le mélange blanchisse, et versez
dessus peu à peu, le lait bouillant, tout en continuant à battre.
Otez la demi-gousse de vanille.
○ Versez cette crème dans une casserole, remettez sur feu doux,
et tournez avec une cuiller en bois jusqu'à ce que le mélange
épaississe, en évitant surtout l'ébullition. Retirez alors du feu et
laissez refroidir.
○ Versez le mélange froid dans la sorbetière, pour une durée
d'environ 1 heure.
○ Pendant ce temps, découpez largement la calotte supérieure
de l'ananas, et conservez celle-ci avec les feuilles. Avec un couteau pointu et bien aiguisé, évidez le fruit en laissant 1 bon cm de
pulpe contre l'écorce.
○ Détachez la partie centrale fibreuse de la pulpe, et coupez
celle-ci en petits dés, que vous placerez dans un grand bol, et
arroserez avec le rhum. Laissez macérer 1 heure.
○ Avant de servir, garnissez l'ananas évidé avec les dés de
pulpe, recouvrez avec la glace à la vanille, en laissant celle-ci
déborder un peu du fruit. Servez-vous, pour ce remplissage
d'une simple cuiller à soupe.
○ L'opération terminée, coiffez l'ananas de son chapeau que
vous avez réservé à cet effet, et servez immédiatement.

Notre truc : évider l'ananas est une opération assez délicate à
réaliser. Utilisez, pour ce faire, un couteau à pamplemousses, à
la lame recourbée et en dents de scie.

Citrons givrés

demande du temps   simple   pas cher

Pour 6 personnes
CUISSON : simple ébullition
9 H AU RÉFRIGÉRATEUR

INGRÉDIENTS :
7 beaux citrons
200 g de sucre en poudre
2 blancs d'œufs

○ Brossez soigneusement les citrons à l'eau chaude, et séchez-les.

○ Découpez un chapeau sur 6 citrons, côté queue, et évidez les fruits de leur pulpe à l'aide d'une petite cuiller, en ayant soin de ne pas endommager les peaux. Réservez ces dernières au réfrigérateur, ainsi que les chapeaux.

○ Râpez finement le zeste du septième fruit, et pressez la pulpe de tous les fruits pour en extraire le jus.

○ Mettez ¼ de litre d'eau, 200 g de sucre, et le zeste râpé dans une casserole. Portez à ébullition, retirez le récipient du feu au premier bouillon, et laissez refroidir.

○ Incorporez le jus des citrons à la préparation précédente.

○ Versez le mélange dans un moule en aluminium, et placez-le dans le compartiment à glaçons du réfrigérateur réglé au maximum de froid pendant 4 heures.

○ Passé ce temps, cassez les œufs, séparez les blancs des jaunes, et montez-les en neige très ferme jusqu'à ce qu'ils collent parfaitement au fouet.

○ Sortez le moule du réfrigérateur et incorporez délicatement les blancs au contenu du moule. Travaillez bien le tout pour obtenir une préparation homogène.

○ Sortez les citrons évidés du réfrigérateur, et remplissez-les de cette préparation. Recouvrez les fruits des chapeaux et replacez le tout dans le bac à glaçons. Laissez encore 5 heures à glacer avant de consommer.

Notre truc : pour rendre ce dessert encore plus savoureux, vous pouvez ajouter au jus des fruits un peu d'alcool, du gin par exemple.

Conseils d'achat : choisissez pour cette recette, qui comporte un zeste râpé, des citrons non traités au diphényl.

Oranges Ponthieu

temps moyen   simple   abordable

Pour 6 personnes
1 H AU RÉFRIGÉRATEUR
INGRÉDIENTS : 6 oranges
1 banane
50 g de raisins secs
200 g de noix

4 petits suisses
1 verre à liqueur de kirsch
2 cuil. à soupe de lait écrémé
½ citron
2 cuillerées à soupe de sucre
1 pincée de sucre vanillé

○ Mettez les raisins secs dans un bol, arrosez-les avec le kirsch, et laissez macérer quelque temps.
○ Brossez les oranges à l'eau courante, séchez-les dans un linge, et découpez sur chaque fruit un large chapeau côté queue. Réservez ces chapeaux. Evidez les oranges en vous servant d'un petit couteau pointu ou mieux, d'un couteau à pamplemousse, en prenant soin de ne pas abîmer l'écorce. Coupez la pulpe en dés dans un saladier.
○ Cassez les noix, dégagez les cerneaux, et pilez grossièrement ces derniers.
○ Epluchez la banane, détaillez-la en fines rondelles, et ajoutez-les à la pulpe d'orange. Incorporez aux fruits les noix pilées, les raisins secs avec le kirsch, et le jus d'un demi-citron. Mélangez le tout.
○ Mettez les petits suisses dans une terrine, ajoutez un peu de lait écrémé, le sucre en poudre et la pincée de sucre vanillé. Battez au fouet pour obtenir un mélange crémeux.
○ Versez cette préparation sur les fruits, remuez bien le tout, et remplissez-en chaque orange évidée. Coiffez les fruits de leurs chapeaux que vous avez réservés, et placez les oranges 1 h dans la partie haute du réfrigérateur avant de servir.

Notre truc : pour la confection de ces oranges fourrées, choisissez de préférence des fruits à peau épaisse. Cela donnera une meilleure tenue du dessert. Parmi les variétés conseillées, on peut citer la washington navel et la valencia late.

Coupe Matignon

temps moyen   simple   abordable

Pour 4 personnes
CUISSON : 5 minutes
INGRÉDIENTS : 4 oranges
4 bananes

4 boules de sorbet mandarine
100 g de fromage blanc maigre
¼ de verre de lait écrémé
1 cuillerée à soupe de sucre

○ Épluchez les bananes, et coupez-les en deux dans le sens de la longueur.
○ Battez le fromage blanc avec le lait écrémé, à l'aide d'un fouet, pour obtenir un mélange bien mousseux.
○ Épluchez 2 oranges, divisez-les en quartiers, et pressez le jus des 2 autres.
○ Dans des coupes larges ou des assiettes à desserts, placez les boules de sorbet et entourez-les des ½ bananes. Mettez 2 à 3 quartiers d'orange de part et d'autre de chaque boule de sorbet, s'appuyant sur les ½ bananes.
○ Mettez le fromage blanc battu dans une poche à douille, et décorez-en les fruits.
○ Dans une petite casserole, faites chauffer le jus des oranges pressées avec la cuillerée à soupe de sucre. Attendez quelques instants que le mélange épaississe et coulez le sirop sur les bananes et les quartiers d'oranges. Servez immédiatement.

Notre truc : pour une bonne tenue du sorbet, placez les coupes ou les assiettes vides au réfrigérateur, quelques instants avant de les garnir.

Conseils d'achat : le parfum du sorbet, commandé chez le glacier, peut être choisi en fonction de ses goûts personnels. En dehors de la mandarine, le sorbet au citron est également très indiqué pour cette spécialité de dessert.

Coupe Riviera

demande du temps   simple   pas cher

Pour 6 personnes
INGRÉDIENTS : 5 yaourts
3 poires
500 g de cerises

50 g de raisins secs
1 verre à liqueur de kirsch
1 cuillerée à soupe de sucre
1 verre de lait écrémé

○ Mettez les raisins secs dans un bol, ajoutez 1 verre d'eau tiède et le kirsch. Laissez gonfler les raisins pendant 1 heure.
○ Pelez les poires, coupez-les en quatre, ôtez le cœur et les pépins. Puis détaillez les quartiers en lamelles dans un compotier.
○ Lavez soigneusement les cerises et séchez-les sur du papier absorbant. Equeutez-les et dénoyautez-les. Mettez-les dans le saladier avec les poires.
○ Videz les yaourts dans une terrine, ajoutez le lait, et fouettez le tout jusqu'à obtenir un mélange bien mousseux.
○ Saupoudrez les fruits de la cuillerée de sucre en poudre, versez dessus le laitage. Mélangez bien le tout et placez le compotier au réfrigérateur, dans la partie haute de préférence, ½ heure au moins.
○ Au moment de servir, égouttez les raisins macérés et gonflés dans le kirsch, et ajoutez-les à la préparation. Servez dans le compotier ou directement, dans des coupes individuelles.

Conseils d'achat : pour ce dessert, choisissez de préférence la variété de cerise dite «guigne». Ce petit fruit se distingue par un épiderme rouge vif, une chair rouge, tendre et sucrée, un jus coloré. Les principales espèces de guignes sont la Précoce de la Marche, la Hâtive de Bâle, la Early Rivers.

Coupe glacée Equateur

demande du temps   pas trop difficile   abordable

Pour 6 personnes
CUISSON : 15 minutes
1 h ½ en SORBETIÈRE
INGRÉDIENTS : ½ l de lait
220 g de sucre en poudre
½ gousse de vanille

5 jaunes d'œufs
3 tasses de café fort
Quelques grains de café en sucre
1 poignée d'amandes effilées
1 sachet de sucre vanillé
125 g de crème fraîche

○ Faites bouillir dans une casserole le lait avec 200 g de sucre et la ½ gousse de vanille.
○ Cassez les œufs, mettez les jaunes dans une terrine, et battez-les. Versez dessus, peu à peu, le lait bouillant après avoir ôté la vanille, sans cesser de battre le mélange.
○ Versez cette crème dans une casserole, replacez sur feu doux, en tournant régulièrement avec une cuiller de bois jusqu'à ce que le mélange épaississe. Lorsque la crème est suffisamment consistante, sortez le récipient du feu et laissez refroidir.
○ Quand la crème est froide, mettez en sorbetière 1 h ½.
○ Pendant ce temps, préparez un bon café, sucrez-le d'une bonne cuillerée à soupe et, lorsqu'il a tiédi, mettez-le au réfrigérateur.
○ Confectionnez une crème chantilly en fouettant dans un saladier la crème fraîche et le sucre vanillé. Ajoutez un glaçon pour faciliter l'opération. Lorsque la crème est bien montée, placez-la au réfrigérateur.
○ Au moment de servir, répartissez la glace dans des coupes profondes, et versez dessus le café glacé. A l'aide d'une poche à douille, couronnez le tout de crème chantilly. Disposez quelques grains de café en sucre, et parsemez d'amandes effilées. Servez immédiatement avec des crêpes dentelles.

Notre truc : pour une bonne tenue de la glace dans les coupes, prenez la précaution de placer celles-ci une bonne heure au réfrigérateur.

Conseils d'achat : cette recette peut être confectionnée rapidement en remplaçant la glace «maison» par une glace toute faite.

Glace à la poire

demande du temps   pas trop difficile   abordable

Pour 4 à 5 personnes   **150 g de sucre en poudre**
CUISSON : 15 minutes   **4 jaunes d'œufs**
2 H EN SORBETIÈRE   **½ gousse de vanille**
INGRÉDIENTS : 4 poires   **1 citron**
⅓ litre de lait écrémé   **Quelques cerises confites**

○ Épluchez 3 belles poires, coupez-les en quatre, ôtez le cœur et les pépins, et réduisez-les en purée au mixer.
○ Faites bouillir le lait dans une casserole avec la ½ gousse de vanille fendue.
○ Cassez les œufs, mettez les jaunes dans une jatte (réservez les blancs pour une autre utilisation), et ajoutez le sucre. Mélangez soigneusement jusqu'à ce que la préparation blanchisse.
○ Versez alors peu à peu le lait bouillant, après avoir ôté la gousse de vanille, versez le tout dans une casserole, et tournez quelques instants à la cuiller de bois sur feu doux, afin que le mélange épaississe. Laissez refroidir.
○ Incorporez la purée de poire à cette crème, et mettez 2 heures à glacer en sorbetière.
○ Épluchez la poire restante, coupez-la en quatre, ôtez le cœur et les pépins, puis détaillez chaque quartier en petits cubes. Arrosez ces morceaux d'un jus de citron pour les empêcher de noircir.
○ Quand la glace est prise, remplissez-en aux ¾ des coupes individuelles, complétez par les petits cubes de poires montés en pyramide, et achevez la décoration avec les cerises confites. Servez immédiatement.

Notre truc : vous pouvez enrichir cette glace en ajoutant à la préparation, juste avant la mise en sorbetière, un petit verre d'eau-de-vie de poires.

Conseils d'achat : choisissez, pour la confection de ce sorbet, des variétés de fruits à la pulpe à la fois parfumée et fondante, telles que «Louise Bonne», «Beurré Hardy», «Passe-Crassane».

Glace à la framboise

demande du temps   pas trop difficile   coûteux

Pour 6 personnes   **200 g de sucre en poudre**
CUISSON : 15 minutes   **½ gousse de vanille**
3 H A GLACER   **5 jaunes d'œufs**
INGRÉDIENTS :   **1 cuil. à soupe de crème fraîche**
500 g de framboises   **1 c. d'eau-de-vie de framboises**
½ litre de lait

○ Lavez délicatement les framboises, et égouttez-les sur du papier absorbant.
○ Réservez une vingtaine de beaux fruits, et passez les autres au mixer pour les réduire en purée.
○ Faites bouillir le lait dans une petite casserole avec la ½ gousse de vanille.
○ Mettez les jaunes d'œufs dans une terrine, ajoutez le sucre, et battez à la fourchette ou au fouet jusqu'à ce que le mélange blanchisse. Versez alors le lait bouillant sur cette préparation (après avoir ôté la gousse de vanille), en continuant de remuer.
○ Versez cette crème dans une casserole, placez le récipient sur feu doux, et tournez à la spatule de bois quelques minutes afin qu'elle épaississe (la préparation ne doit pas bouillir). Puis retirez du feu et laissez refroidir.
○ Incorporez à cette crème la purée de framboises, 1 cuillerée d'eau-de-vie de framboises, et la crème fraîche.
○ Versez cette préparation en sorbetière, et laissez glacer 2 heures.
○ Prélevez ensuite la glace à la cuiller, et mettez-la dans un moule métallique, en la tassant bien. Placez ce moule dans le compartiment à glace du réfrigérateur pendant 1 heure.
○ Passé ce temps, démoulez la glace sur un plat de service, décorez avec les framboises que vous avez réservées, et servez immédiatement.

Notre truc : pour une bonne tenue de la glace sur le plat de service, placez ce dernier au réfrigérateur trente minutes au moins avant son utilisation.

Bombe glacée à l'abricot

demande du temps   difficile   abordable

Pour 6 à 8 personnes   **400 g de sucre en poudre**
CUISSON : 30 minutes   **1 gousse de vanille**
1 H½ EN SORBETIÈRE   **10 jaunes d'œufs**
2 H AU FREEZER   **300 g d'abricots**
INGRÉDIENTS : 1 l de lait   **1 c. à café de liqueur d'abricot**

○ Faites bouillir dans une casserole ½ litre de lait avec la gousse de vanille fendue.
○ Mettez 5 jaunes d'œufs dans une terrine. Battez-les avec 200 g de sucre et versez dessus, peu à peu, le lait bouillant après avoir ôté la gousse de vanille.
○ Versez ce mélange dans une casserole, mettez sur feu doux, et tournez à la cuiller de bois jusqu'à ce que la crème épaississe et nappe la cuiller. Retirez alors le récipient du feu, laissez refroidir, et placez la crème en sorbetière 1 h ½.
○ Otez les noyaux des abricots et passez la pulpe au mixer.
○ Recommencez, avec les mêmes proportions, les opérations 1, 2 et 3 (mise à part l'adjonction de vanille au lait). Avant de mettre en sorbetière (il vous faut un second appareil), incorporez à la crème la purée d'abricots et la cuillerée de liqueur. Laissez glacer pendant 1 h ½.
○ Lorsque les glaces sont prises, tapissez le moule à bombe d'une couche de glace aux abricots de 3 cm environ d'épaisseur. Comblez le reste de la cavité avec la glace à la vanille, en tassant bien.
○ Couvrez l'ouverture du moule avec une feuille de papier sulfurisé, et mettez le couvercle. Placez le moule au freezer 2 heures.
○ Démoulez au moment même de servir.

Notre truc : pour la bonne réussite de cette glace, mettez le moule à glacer, à vide, deux bonnes heures avant son remplissage.

Conseils d'achat : choisissez, pour cette recette, des abricots bien mûrs. Préférez aux autres variétés les «Rouge du Roussillon» dont la pulpe très colorée communiquera une belle teinte à la glace.

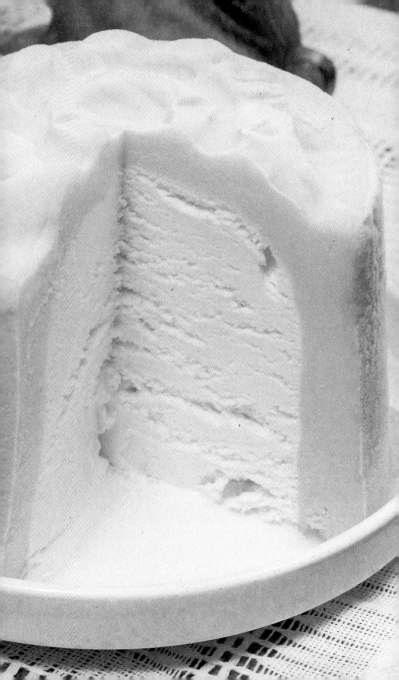

Bombe glacée aux fraises

demande du temps   pas trop difficile   abordable

Pour 6 personnes
2 H EN SORBETIÈRE
CUISSON : 10 minutes
INGRÉDIENTS :
500 g de fraises
½ litre de lait

2 cuil. à soupe de crème fraîche
150 g de sucre semoule
1 petit verre de kirsch
4 jaunes d'œufs
½ gousse de vanille

○ Versez le lait dans une casserole, ajoutez la demi-gousse de vanille, et portez à ébullition. Puis ôtez du feu et laissez infuser la vanille à couvert quelques instants.

○ Cassez les œufs, mettez les jaunes dans une jatte, ajoutez le sucre en poudre, et battez au fouet jusqu'à ce que le mélange blanchisse. Versez alors peu à peu le lait bouillant (après avoir ôté la gousse de vanille) tout en continuant à battre au fouet.

○ Versez cette crème dans une casserole, et tournez à la cuiller de bois, sur feu doux, jusqu'à ce que la préparation épaississe. Laissez ensuite refroidir.

○ Lavez soigneusement les fraises, séchez-les sur du papier absorbant, et équeutez-les. Réservez quelques beaux fruits pour le décor final et réduisez le reste en purée, de préférence au mixer.

○ Incorporez à la crème froide la purée de fraises, la crème fraîche, le petit verre de kirsch. Mélangez bien le tout et mettez à glacer 2 heures en sorbetière.

○ Quand la glace est prise, garnissez-en un moule à bombe, en tassant bien la glace dans le moule, et placez le tout dans le bac à glaçons du réfrigérateur.

○ Au moment de servir, démoulez délicatement la bombe glacée sur un plat de service. Décorez le dessus à votre gré avec les fraises réservées à cet effet. Servez immédiatement.

Conseils d'achat : la production, et donc la commercialisation des fraises s'étale d'avril à juillet avec une pointe très nette dans la deuxième quinzaine de mai. Surveillez bien les étiquettes car les fraises sont des fruits qui ne se conservent guère et, lorsqu'il y a abondance, les prix ont tendance à s'effondrer.

Bombe glacée Côte-d'Or

demande du temps   difficile   coûteux

Pour 6 à 8 personnes   **400 g de sucre en poudre**
CUISSON : 30 minutes   **1 gousse de vanille**
1 H ½ EN SORBETIÈRE   **10 jaunes d'œufs**
2 H AU FREEZER   **250 g de cassis**
INGRÉDIENTS : 1 l de lait   **1 cuil. à café liqueur de cassis**

○ Faites bouillir dans une casserole ½ l de lait et la gousse de vanille.

○ Cassez 5 œufs, mettez les jaunes dans un saladier. Battez-les avec 200 g de sucre, puis versez peu à peu dessus le lait bouillant, après avoir ôté la vanille.

○ Placez ce mélange dans une casserole, remettez sur feu doux, et tournez avec une cuiller de bois jusqu'à ce que la crème épaississe et nappe la cuiller. Retirez alors le récipient du feu, laissez refroidir la crème, et mettez-la en sorbetière 1 h ½.

○ Lavez les petites baies de cassis, séchez-les, et passez-les au tamis pour en extraire le jus.

○ Recommencez, avec les mêmes proportions, les opérations 1, 2 et 3 (mise à part l'adjonction de vanille au lait). Avant de mettre en sorbetière (il en faut une seconde), versez le jus de cassis et la cuillerée de liqueur dans la crème refroidie, et mélangez bien. Puis, laissez la glace se former pendant 1 h ½. Parallèlement, placez le moule à bombe dans la partie haute du réfrigérateur.

○ Lorsque les glaces sont prises, tapissez le moule d'une couche de glace vanille de 2 à 3 cm d'épaisseur. Comblez le reste de la cavité avec la glace au cassis.

○ Couvrez l'ouverture du moule avec une feuille de papier sulfuriné, et mettez le couvercle. Placez le moule au freezer 2 heures.

○ Ne démoulez qu'à l'instant de servir. Pour faciliter l'opération, plongez le moule un court instant dans de l'eau chaude.

Notre truc : si vous ne pouvez disposer d'une seconde sorbetière, confectionnez une glace, puis l'autre, en conservant la première au freezer.

Conseils d'achat : ne manquez pas la période très courte de vente de cassis sur les marchés, qui se situe en juillet.

Bombe glacée au raisin

demande du temps   pas trop difficile   abordable

Pour 4 à 5 personnes
2 H EN SORBETIÈRE
CUISSON : 10 minutes
INGRÉDIENTS :
500 g de raisin
Quelques beaux grains de
raisin
noir et blanc

30 cl de lait écrémé
1 cuil. à soupe de crème fraîche
150 g de sucre en poudre
1 cuil. à soupe de rhum
4 jaunes d'œufs
½ gousse de vanille

○ Égrenez le raisin, et pressez-en les grains pour en extraire le jus. Réservez quelques beaux grains noirs et blancs pour la décoration de la glace.

○ Faites bouillir le lait dans une casserole avec la ½ gousse de vanille fendue.

○ Cassez les œufs, mettez les jaunes dans une jatte, ajoutez le sucre en poudre, et mélangez bien le tout au fouet jusqu'à ce que la préparation blanchisse.

○ Versez alors peu à peu le lait bouillant (après avoir ôté la gousse de vanille), en continuant à battre au fouet.

○ Placez cette crème dans une casserole et tournez à la cuiller de bois, sur feu doux, quelques minutes, afin que cette préparation épaississe. Puis laissez refroidir.

○ Incorporez à la crème froide un peu de crème fraîche, le rhum et le jus de raisin, mélangez soigneusement, et mettez 2 heures à glacer en sorbetière.

○ Quand la glace est prise, garnissez-en un moule à bombe, en tassant bien la glace, et placez quelques instants dans le compartiment à glaçons, du réfrigérateur.

○ Au moment de servir, démoulez la glace sur un plat de service, décorez le dessus, à votre gré, de grains de raisin noir et blanc. Servez immédiatement.

Notre truc : si vous avez quelques problèmes pour démouler la glace, plongez un bref instant le moule à bombe dans de l'eau chaude.

Bombe glacée au chocolat

demande du temps   pas trop difficile   abordable

Pour 6 personnes
CUISSON : 15 minutes
3 H A GLACER
INGRÉDIENTS : 60 cl de lait
200 g de sucre en poudre

5 jaunes d'œufs
1 pincée de sucre vanillé
1 petit pot de crème fraîche
1 cuillerée à soupe de rhum
250 g de chocolat à croquer

○ Cassez les œufs, mettez les jaunes dans une jatte, versez le sucre, et mélangez bien au fouet jusqu'à ce que la préparation blanchisse.
○ Versez ½ verre de lait dans une petite casserole, mettez sur feu doux, ajoutez 150 g de chocolat en morceaux. Laissez fondre doucement. Puis incorporez cette sauce chocolat au mélange jaune d'œufs-sucre, en remuant à la spatule de bois.
○ Faites bouillir ½ litre de lait, et ajoutez-le à la préparation, tout en tournant.
○ Versez la préparation dans une casserole et, sur feu très doux, continuez à tourner en évitant l'ébullition. Dès que le mélange «nappe» la cuiller, ôtez du feu et laissez refroidir.
○ Mettez la crème fraîche dans un saladier, ajoutez ½ verre de lait froid, 1 pincée de sucre vanillé, et fouettez énergiquement pour obtenir une chantilly bien ferme.
○ Incorporez délicatement cette chantilly à la préparation au chocolat, et placez le tout en sorbetière 2 heures.
○ Passé ce temps, remplissez un moule à bombe avec la glace, en tassant bien, et laissez 1 h dans le compartiment à glaçons du réfrigérateur.
○ Démoulez la glace sur un plat de service, faites fondre le reste du chocolat avec ¼ de verre d'eau et le rhum, coulez cette sauce sur la glace et servez aussitôt.

Notre truc : pour une parfaite tenue de la glace, une fois démoulée, veillez à placer le plat de service dans le réfrigérateur 1 h avant l'emploi. Laissez également tiédir un peu la sauce chocolat avant de la couler sur la glace.

Conseils d'achat : évitez absolument les moules en aluminium qui risquent de noircir la bombe.

Glace plombière au kirsch

demande du temps   pas trop difficile   abordable

Pour 5 à 6 personnes
CUISSON : 15 minutes
2 H EN SORBETIÈRE
INGRÉDIENTS : ½ litre de lait
150 g de sucre semoule
½ gousse de vanille

1 pincée de sucre vanillé
1 zeste de citron
5 jaunes d'œufs
4 cuil. à soupe de crème fraîche
2 verres à liqueur de kirsch
250 g de fruits confits

○ Coupez les fruits confits en très petits dés dans un bol, arrosez-les avec le kirsch, et laissez macérer environ 1 heure.

○ Versez le lait dans une casserole, ajoutez la demi-gousse de vanille, la pincée de sucre vanillé, le zeste de citron. Portez à ébullition.

○ Cassez les œufs, mettez les jaunes dans une jatte, ajoutez le sucre semoule, et battez le tout jusqu'à ce que le mélange blanchisse.

○ Versez sur les œufs battus le lait bouillant peu à peu (après avoir ôté la gousse de vanille et le zeste de citron) tout en continuant à battre.

○ Versez cette crème dans une casserole, placez le récipient sur feu doux, et tournez à la cuiller de bois quelques minutes, en évitant l'ébullition, jusqu'à ce que la crème épaississe. Puis ôtez du feu et laissez refroidir.

○ Incorporez alors la crème fraîche, les dés de fruits confits et le kirsch, mélangez bien le tout, et mettez en sorbetière environ 2 heures.

○ Quand la glace est prise, remplissez-en un moule métallique, en tassant bien la glace. Placez le tout dans le compartiment à glace du réfrigérateur pendant 1 heure.

○ Démoulez la glace plombière sur un plat de service, et servez immédiatement avec un accompagnement de crêpes dentelles.

Conseils d'achat : pour une glace plombière du plus bel effet, choisissez un assortiment complet de fruits confits : vert de l'angélique, rouge des cerises, jaune du citron etc.

Glace au curaçao

demande du temps   pas trop difficile   abordable

Pour 5 à 6 personnes
CUISSON : 15 minutes
2 H EN SORBETIÈRE
INGRÉDIENTS : ½ litre de lait
200 g de sucre
½ gousse de vanille

5 jaunes d'œufs
1 pincée de sucre vanillé
1 cuil. à soupe de crème fraîche
1 orange
1 verre à liqueur de curaçao
50 g de raisins de Smyrne

○ Brossez soigneusement le zeste de l'orange à l'eau chaude, séchez le fruit, et râpez-en le zeste.
○ Faites macérer les raisins secs dans le curaçao pendant 1 heure.
○ Faites bouillir le lait dans une petite casserole, avec la ½ gousse de vanille.
○ Cassez les œufs, mettez les jaunes dans une jatte, versez le sucre, et battez le tout jusqu'à ce que la préparation blanchisse. Puis versez peu à peu le lait bouillant, tout en continuant à battre (ôtez auparavant la gousse de vanille).
○ Versez cette crème dans une casserole, mettez sur feu doux, et tournez à la cuiller de bois quelques minutes, pour que le mélange épaississe (évitez l'ébullition). Retirez alors du feu et laissez refroidir.
○ Incorporez à la crème le zeste râpé, les raisins dans leur liquide (réservez-en une douzaine), et 1 cuillerée à soupe de crème fraîche.
○ Versez cette préparation en sorbetière pendant 2 heures. Puis mettez la glace dans un moule métallique, en la tassant bien. Placez le tout dans le compartiment à glace du réfrigérateur, pendant 1 heure.
○ Démoulez la glace sur un plat de service, et décorez le dessus avec les raisins de Smyrne que vous aurez réservés.

Notre truc : pour une parfaite tenue de la glace sur le plat de service, placez ce dernier au réfrigérateur 1 heure au moins avant l'emploi.

Glace à l'orange au Marsala

demande du temps   pas trop difficile   abordable

Pour 5 à 6 personnes
CUISSON : 15 minutes env.
2 H EN SORBETIÈRE
INGRÉDIENTS : ½ litre de lait
3 oranges
200 g de sucre semoule

½ gousse de vanille
5 jaunes d'œufs
1 cuil. à soupe de crème fraîche
1 verre à apéritif de Marsala
½ zeste de citron
50 g de raisins secs

○ Brossez soigneusement à l'eau chaude une orange et un citron, et râpez finement ½ zeste de chaque fruit.

○ Mettez les raisins secs dans un bol, arrosez-les d'un bon verre à apéritif de Marsala, et laissez macérer environ 1 heure.

○ Pressez le jus des 3 oranges, versez-le dans une casserole, ajoutez le lait, la demi-gousse de vanille, et portez à ébullition. Puis ôtez le récipient du feu.

○ Cassez les œufs, mettez les jaunes dans un saladier, ajoutez le sucre semoule, et battez le tout jusqu'à ce que la préparation blanchisse. Incorporez alors peu à peu le lait bouillant, versez cette crème dans une casserole, et tournez quelques minutes à la cuiller de bois, le temps pour la crème d'épaissir. Otez le récipient du feu et laissez refroidir.

○ Incorporez à la crème les zestes râpés, les raisins secs avec le Marsala, et la crème fraîche. Mélangez soigneusement.

○ Versez cette préparation en sorbetière et laissez glacer environ 2 heures. Puis, lorsque la glace est prise, mettez-la dans un moule métallique en la tassant bien. Placez le tout 1 heure dans le compartiment à glaçons du réfrigérateur.

○ Démoulez la glace sur un plat de service, et servez immédiatement.

Notre truc : vous pouvez réaliser un décor sur la glace, en taillant des lanières dans l'écorce d'une orange, lanières que vous ferez pocher 25 à 30 minutes dans un sirop composé de ¼ de litre d'eau et 125 g de sucre, avant de les disposer au mieux sur le dessus du dessert.

Glace aux marrons

demande du temps   pas trop difficile   abordable

Pour 6 à 8 personnes
CUISSON : 20 minutes
2 H EN SORBETIÈRE
INGRÉDIENTS : ¾ de l de lait

½ **boîte de purée de marrons**
300 **g de sucre en poudre**
6 **jaunes d'œufs**
1 **gousse de vanille**

○ Faites bouillir dans une casserole le lait avec le sucre et la gousse de vanille.

○ Cassez les œufs, mettez les jaunes dans un saladier et versez dessus peu à peu le lait bouillant, après avoir ôté la gousse de vanille, sans cesser de battre.

○ Versez cette crème dans une casserole, placez le récipient sur feu doux, et tournez avec une cuiller de bois jusqu'à ce que le mélange épaississe. Lorsque la préparation nappe la cuiller, retirez du feu et laissez refroidir.

○ Ouvrez la boîte de purée de marrons, et, dans un récipient, travaillez-la à la fourchette afin de la rendre bien lisse. Incorporez cette purée à la crème refroidie et fouettez la préparation jusqu'à ce qu'elle devienne très homogène.

○ Versez alors en sorbetière et laissez 2 heures.

○ Quand la glace est prise, remplissez-en un moule métallique à hauts bords, en tassant bien la glace dans le moule. Placez le dessert dans la partie la plus froide du réfrigérateur.

○ Au moment de servir, démoulez la glace sur un plat de service et consommez aussitôt.

Notre truc : on peut décorer ce dessert et le rendre prestigieux en plaçant sur la glace quelques marrons glacés entiers.

Conseils d'achat : à la saison des marrons, vers la fin novembre, on peut parfaitement préparer soi-même une purée en les faisant cuire à l'eau. Choisissez de préférence les châtaignes aux marrons, car plus délicates et parfumées.

Les sorbets

Le sorbet est le plus léger et le plus rafraîchissant des desserts.

Si vous disposez d'un congélateur, faites vos réserves en temps utile et vous pourrez ainsi retrouver le goût délicat des framboises en plein cœur de l'hiver. Car il n'y a pas de saison pour déguster un sorbet, ni d'interdiction... pour celles qui pensent à leur ligne !

Variés en couleurs et en parfums, voici huit sorbets que vous réussirez sans problème et qui vous donneront certainement envie d'en essayer d'autres !

Sorbet aux framboises

demande du temps   pas trop difficile   abordable

Pour 4 personnes
CUISSON : simple ébullition
INGRÉDIENTS :
250 g de sucre
1 sachet de sucre vanillé

500 g de framboises
1 zeste de citron
½ verre de liqueur de kirsch
1 pt pot de crème fraîche

○ Lavez soigneusement les framboises, et séchez-les sur du papier absorbant.
○ Brossez un citron sous l'eau chaude, essuyez-le avec un torchon, et prélevez-en le zeste (utilisez un fruit non traité au diphényl).
○ Versez dans une casserole ¼ de litre d'eau, le sucre semoule, le sucre vanillé, et le zeste de citron. Mettez sur feu vif, portez à ébullition, et retirez la préparation au premier bouillon. Otez le zeste.
○ Plongez les framboises dans le sirop confectionné, en réservant quelques fruits pour la décoration. Remuez bien le tout et laissez tiédir. Passez ensuite le mélange au mixer pour obtenir une purée homogène. Ajoutez le kirsch.
○ Mettez à glacer en sorbetière 2 bonnes heures.
○ Lorsque le sorbet est constitué, remplissez-en un moule à glace en métal, et placez ce moule quelques instants dans le compartiment à glaçons du réfrigérateur.
○ Pendant ce temps, fouettez la crème fraîche dans un saladier pour obtenir une chantilly bien ferme. Utilisez de préférence un mixer pour cette opération.
○ Démoulez le sorbet sur un plat de service, décorez-le au mieux avec les fruits que vous avez réservés et à la crème chantilly que vous appliquerez selon votre gré à l'aide d'une poche à douille. Servez immédiatement.

Notre truc : pour une bonne tenue du sorbet, il faut que celui-ci soit parfaitement tassé dans le moule. Pour ce faire, frappez le fond du moule à quelques reprises sur un plan de travail garni d'un torchon plié.

Sorbet aux pêches

demande du temps   pas trop difficile   pas cher

Pour 4 personnes   **1 citron**
CUISSON : simple ébullition   **250 g de sucre en poudre**
INGRÉDIENTS :   **1 sachet de sucre vanillé**
750 g de pêches

○ Faites bouillir une grande casserole d'eau, et plongez-y les pêches quelques instants, avant de les peler.
○ Coupez les fruits en deux, ôtez les noyaux, et détaillez la pulpe en petits morceaux.
○ Pressez le citron pour en extraire le jus.
○ Dans une casserole, versez ¼ de litre d'eau, 250 g de sucre en poudre. Faites bouillir le tout. Dès l'ébullition, retirez du feu.
○ Dans le sirop bouillant, versez les morceaux de pêches, remuez avec une cuiller de bois, et laissez refroidir.
○ Quand la préparation est froide, ajoutez le jus de citron, le sucre vanillé, et passez le tout au mixer pour obtenir une préparation bien homogène.
○ Mettez à glacer en sorbetière.
○ Lorsque le sorbet est constitué, remplissez-en un moule à glace en métal, et placez ce moule quelques instants dans le compartiment à glaçons du réfrigérateur.
○ Démoulez le sorbet sur un plat de service, et servez aussitôt.

Notre truc : Pour une bonne tenue du sorbet, une fois constitué, il faut bien le tasser dans le moule. La meilleure façon d'opérer est de taper à 3 ou 4 reprises le fond du moule sur le plan de travail, après avoir recouvert ce dernier d'un torchon plié en quatre.

Conseils d'achat : On peut indifféremment utiliser des variétés de pêches blanches ou jaunes pour confectionner ce sorbet. Il faut simplement veiller à ce que les fruits soient parfaitement mûrs.

Sorbet aux cerises

demande du temps   pas trop difficile   pas cher

Pour 4 personnes   **500 gr de cerises**
CUISSON : simple ébullition **1 zeste de citron**
INGRÉDIENTS :   **2 belles pêches**
250 gr de sucre

○ Lavez soigneusement les cerises, équeutez-les, et séchez-les dans un torchon.
○ Dénoyautez les cerises, de préférence au-dessus d'un récipient afin de recueillir le jus qui pourrait goutter lors de cette opération. Réservez quelques fruits pour la décoration du sorbet.
○ Prélevez tout le zeste d'un citron (non traité au diphényl) et lavez-le.
○ Dans une casserole, versez ¼ de litre d'eau, les 250 gr de sucre en poudre, et le zeste de citron. Mettez sur feu vif et retirez au premier bouillon. Otez le zeste.
○ Plongez les cerises dénoyautées dans cette préparation. Remuez bien le tout et laissez tiédir. Passez ensuite le mélange au mixer.
○ Mettez à glacer en sorbetière.
○ Lorsque la préparation de la sorbetière est bien prise, épluchez soigneusement les pêches, coupez-les en deux, ôtez les noyaux.
○ Placez chaque demi-pêche dans le fond des coupes à pied. Disposez dessus 4 demi-boules de sorbet découpées à l'aide d'une cuiller ronde et creuse. Décorez avec les cerises fraîches. Servez immédiatement.

Notre truc : pour augmenter la bonne tenue des sorbets, mettez les coupes, quelques minutes avant de les garnir, au réfrigérateur. Placez les demi-pêches également à glacer dans les coupes.

Conseils d'achat : pour la confection des sorbets, choisissez de préférence des cerises aigres, essentiellement les variétés Montmorency et Bourgueil, ou des cerises acidulées comme les griottes.
Mais quelle que soit la variété, les cerises doivent présenter un aspect frais et brillant. La peau doit être luisante, la chair ferme. Evitez les cerises trop pâles, car cueillies avant maturité. Attention aussi aux fruits trop bruns ou marqués de taches sombres. Cela indique un état trop avancé.

Sorbet au melon

demande du temps   pas trop difficile   abordable

Pour 4 personnes   **250 g de sucre**
INGRÉDIENTS :   **½ citron**
2 melons moyens

○ Coupez les melons en quatre, et débarrassez-les de la partie centrale qui contient les pépins.
○ A l'aide d'un couteau bien aiguisé, détachez la pulpe et coupez-la en petit morceaux dans un saladier.
○ Pressez le ½ citron pour en extraire le jus.
○ Dans une casserole, versez ¼ de litre d'eau et les 250 g de sucre en poudre. Placez le récipient sur feu vif et, au premier bouillon, ôtez-le du feu et laissez refroidir.
○ Quand le sirop est froid, ajoutez les morceaux de melon, le jus de citron et passez le tout au mixer pour obtenir une préparation bien mousseuse et aérée.
○ Mettez à glacer en sorbetière.
○ Lorsque le sorbet est pris, et quelques temps avant le service, remplissez de sorbet des coupes individuelles, préalablement tenues au réfrigérateur. Gardez au froid jusqu'au moment de servir.

Notre truc : si vous avez la chance de trouver de très petits melons (de la taille d'un pamplemousse environ), utilisez l'enveloppe des fruits en guise de coupe. Pour cela, coupez-les en deux dans le sens perpendiculaire aux côtés et, après avoir ôté la partie centrale renfermant les pépins, ôtez la pulpe à la cuiller sans abîmer la peau. Réservez celle-ci au réfrigérateur.

Conseils d'achat : le choix d'un melon est toujours difficile. Pour mettre tous les atouts de votre côté, préférez-le lourd à la main, odorant, et veillez à ce que la queue ait tendance à se détacher facilement du fruit. C'est un excellent indice de maturité.

Sorbet au cassis

demande du temps   pas trop difficile   coûteux

Pour 5 à 6 personnes
2 HEURES A GLACER
INGRÉDIENTS :
500 g de cassis

1 c. à café de liqueur de cassis
½ citron
250 g de sucre en poudre
1 sachet de sucre vanillé

○ Lavez les baies de cassis, séchez-les, réservez quelques fruits, et passez le reste au tamis pour en extraire le jus.
○ Versez ¼ de litre d'eau dans une casserole, ajoutez le sucre en poudre, et portez à ébullition. Au premier bouillon, ôtez le récipient du feu, et laissez refroidir.
○ Versez le jus de cassis dans le sirop froid, ajoutez le jus du demi-citron, la cuillerée à café de liqueur de cassis, et le contenu du sachet de sucre vanillé. Remuez à la cuiller de bois, puis passez le tout au mixer pour obtenir un mélange parfaitement homogène.
○ Versez cette préparation en sorbetière, et mettez à glacer pendant 1 h 30.
○ Quand le sorbet est constitué, remplissez-en un moule à glace métallique, en tassant bien, et placez le moule une bonne demi-heure dans le compartiment à glace du réfrigérateur.
○ Passé ce temps, démoulez le sorbet sur un plat de service, et décorez-le avec les baies que vous avez réservées. Servez aussitôt avec un assortiment de petits fours.

Notre truc : pour une meilleure tenue du sorbet, mettez le plat de service à glacer à vide, dans le réfrigérateur, une bonne heure avant son utilisation.

Conseils d'achat : on trouve essentiellement du cassis sur les marchés au mois de juillet, période où il arrive à maturité. Deux variétés surtout sont à signaler de par leur qualité : en variété précoce le «noir de Bourgogne», et en variété tardive le «royal de Naples».

Sorbet aux airelles

demande du temps   pas trop difficile   coûteux

Pour 6 personnes   **1 cuil. à café de cognac**
2 H A GLACER   **½ citron**
INGRÉDIENTS :   **250 g de sucre en poudre**
500 g d'airelles   **1 sachet de sucre vanillé**

○ Lavez les airelles, séchez-les sur du papier absorbant. Réservez quelques baies pour la décoration finale, et passez le reste au tamis pour en extraire le jus.

○ Versez le sucre en poudre dans une casserole. Mouillez avec ¼ de litre d'eau, et portez à ébullition. Au premier bouillon, retirez la casserole du feu, et laissez refroidir.

○ Versez le jus d'airelles dans le sirop froid, ajoutez le cognac, le sucre vanillé et le jus du demi-citron. Remuez à la cuiller de bois puis passez le tout au mixer pour obtenir un mélange homogène.

○ Placez cette préparation en sorbetière, et laissez glacer pendant 1 h 30.

○ Passé ce temps, remplissez un moule métallique de ce sorbet à l'aide d'une cuiller. Tassez bien, et placez le moule 30 minutes dans le compartiment à glace du réfrigérateur.

○ Démoulez le sorbet sur un plat de service, préalablement refroidi au réfrigérateur, et décorez-le au mieux avec les airelles que vous avez réservées. Servez immédiatement avec des tuiles aux amandes.

Notre truc : le démoulage d'un sorbet peut parfois présenter quelques difficultés. Si tel est le cas, plongez un bref instant le moule dans de l'eau chaude.

Conseils d'achat : les airelles sont de petites baies que l'on trouve peu fréquemment sur les marchés. A défaut, on peut utiliser des myrtilles, proches parentes des airelles.

Sorbet à l'orange

demande du temps　　　　　simple　　　　　pas cher

Pour 6 personnes
CUISSON : simple ébullition
9 H AU RÉFRIGÉRATEUR

INGRÉDIENTS :
7 belles oranges
200 gr de sucre en poudre
2 blancs d'œufs

○ Brossez soigneusement à l'eau chaude les oranges et séchez-les.
○ Découpez un chapeau, côté queue, sur 6 oranges. A l'aide d'une petite cuiller, évidez-les de leur pulpe. Réservez les peaux, en ayant bien pris soin de ne pas les avoir abîmées pendant l'opération. Elles serviront à présenter les sorbets. En attendant, placez-les au réfrigérateur.
○ Pressez la pulpe des oranges pour en extraire le jus.
○ Dans une casserole, mettez ¼ de litre d'eau, les 200 gr de sucre, et le zeste de la 7e orange. Allumez à feu vif, et retirez au premier bouillon. Laissez refroidir.
○ Ajoutez le jus de 7 oranges au sirop, et remuez bien le tout.
○ Versez allors le mélange dans un moule en aluminium et placez-le dans le compartiment à glaçons du réfrigérateur, réglé au maximum de froid. Laissez 4 heures.
○ Passé ce temps, sortez le mélange du réfrigérateur. Cassez les œufs, et séparez les blancs des jaunes.
○ Placez ces blancs dans un saladier et montez-les en neige très ferme, jusqu'à ce qu'ils «collent» parfaitement au fouet.
○ Incorporez délicatement les blancs battus en neige au mélange sorti du réfrigérateur, et remuez bien le tout afin d'obtenir une crème homogène.
○ Sortez les six oranges évidées du réfrigérateur, et remplissez-les de cette préparation. Replacez les chapeaux sur les oranges et remettez dans le bac à glaçons. Laissez encore 5 heures avant de consommer.

Notre truc : pour rendre ces sorbets encore plus savoureux, on peut ajouter dans le sirop, avec le jus des oranges, un petit verre à liqueur de Grand Marnier.

Conseils d'achat : il faut, pour bien réaliser cette recette faire l'emplette d'oranges à jus. En fonction de la saison, vous pourrez choisir entre les washington navel, maltaises, ou valencia late.

Sorbet aux deux alcools

demande du temps   pas trop difficile   abordable

Pour 5 à 6 personnes
CUISSON : simple ébullition
1 H ½ EN SORBETIÈRE
INGRÉDIENTS : 2 oranges
1 zeste d'orange

1 citron
500 g de sucre en poudre
1 sachet de sucre vanillé
1 petit verre de Cointreau
½ verre à liqueur de gin

○ Brossez soigneusement 1 orange à l'eau chaude, séchez-la, et râpez-en finement le zeste.

○ Pressez le jus de 2 oranges et du citron.

○ Dans une petite casserole, faites bouillir ½ litre d'eau avec les 500 g de sucre en poudre. Dès l'ébullition, retirez le récipient du feu.

○ Ajoutez le zeste d'orange au sirop brûlant ; mélangez bien, et laissez refroidir.

○ Incorporez ensuite le jus des 2 oranges et du citron, le Cointreau, le gin, le sucre vanillé.

○ Versez ce mélange en sorbetière, et mettez à glacer pendant 1 heure ½.

○ Quand le sorbet est prêt, remplissez-en un moule en métal, et placez ce dernier ½ heure dans le compartiment à glaçons du réfrigérateur. Donnez au réfrigérateur toute sa puissance.

○ Passé ce temps, démoulez le sorbet sur un plat de service froid, et servez aussitôt, accompagné de petits biscuits.

Notre truc : pour couper le sorbet plus facilement, et sans l'abîmer, plongez le couteau ou la pelle à découper quelques instants dans de l'eau bouillante.

Conseils d'achat : pour ce sorbet, choisissez des oranges à jus du type «washington navel», ou «maltaise» par exemple.

Pour vous aider
dans
votre choix

Chacun a ses préférences mais en cas d'hésitation ce petit chapitre vous sera peut-être de quelque utilité.

Nous avons groupé les desserts selon certaines de leurs caractéristiques : gastronomiques, diététiques, économiques, vite faits... et nous vous suggérons aussi une charrette de desserts pour une réception, en été comme en hiver.

Gastronomique

Sabayon au champagne

Crème d'abricots au kirsch

Diplomate aux abricots

Ile flottante

Marquise au chocolat

Crêpes soufflées au marasquin

Omelette soufflée au curaçao

Soufflé au Grand Marnier

Pêches à la cardinal

Glace à la framboise

Sorbet aux deux alcools

Diététique

Flan aux fraises

Flan aux poires

Crème arlequin

Crème au café

Soufflé au citron

Soufflé aux agrumes

Melon en surprise au fromage blanc

Fruits d'automne rafraîchis

Pommes au four en chemise

Coupe Riviera

Sorbet au melon

Vite faits

Sabayon au champagne

Mousse à la vaudoise

Omelette soufflée aux poires

Fruits rouges au fromage blanc

Fraises au vin

Délice flambé aux trois fruits

Ananas en surprise

Salade d'hiver

Economique

Flan des montagnes noires

Crème au café

Gâteau de riz à la crème vanille

Omelette aux pommes

Coupe d'abricots en neige

Pommes au four en chemise

Pruneaux au vin de Cahors

Mousse de pommes glacée

Compote aux trois fruits

Compote meringuée

Compote de rhubarbe au fromage blanc

Citrons givrés

La charrette des desserts

Pour l'été

Crème d'abricots au kirsch

Flan aux fraises

Diplomate aux abricots

Fruits rouges au fromage blanc

Melon en surprise au fromage blanc

Coupe d'abricots en neige

Pêches à la cardinal

Ananas en surprise

Pour l'hiver

Crème à l'écossaise

Sabayon au champagne

Mousse à la vaudoise

Flan des montagnes noires

Crème au café

Gâteau de riz à la crème vanille

Bavarois au chocolat

Marquise au chocolat

Index

Imprimé en Italie par
F.lli PAGANO S.p.A.
Campomorone (GÊNES)
pour le compte des
Nouvelles Editions Marabout
D. novembre 1982/0099/186
ISBN 2-501-00323-3

marabout flash

L'encyclopédie permanente de la vie quotidienne

Cuisine

Guide astrologique sentimental

Selon votre signe, votre ascendant et votre type planétaire, comment trouver et garder le partenaire idéal.
12 signes : de **Bélier** 1 à **Poissons** 12

Horoscopes annuels

Le guide personnel, professionnel et sentimental qui vous donne les clefs du succès pour les 365 jours de l'année.

marabout service

Gastronomie